JN088988

類型別
不正・不祥事への
初動対応

山内洋嗣　　山田　徹【編著】

今泉　　憲人・岩永　敦之・奥田　敦貴
加藤　裕之・北　　和尚・木本　昌士
重冨　賢人・白根　　央・高田　和佳
高宮　雄介・瀧脇　將雄・田中　亜樹
千原　　剛・塚田　智宏・蔦　　大輔
永井　　潤・西本　良輔・増成　美佳
宮田　　俊・御代田有恒・山内　裕雅【著】

中央経済社

は し が き

　わが国の企業で深刻な不正・不祥事が発覚し，大きな社会問題となってしまう事例が後を絶たない。こうした重大事案に対応するコンプライアンス・危機管理業務，あるいは，それに伴う社内調査は，ここ十数年で企業法務における重要な一翼として定着した。それに併せて，企業不正・不祥事に関する論稿が数多く発表され，業務の深化・効率化に寄与している。

　このような情勢の中，多くの企業は，こうしたコンプライアンス・危機管理分野に携わることができる人材の育成を進めている。しかし，当職らが，日々こうした企業に寄り添い，また，協働させていただくなかで，常日頃気になっていたことがある。法務・コンプライアンス部門における経験年数の長い玄人向けの本は世に数多くあれど，こうした分野を担当するようになって1から3年目前後の経験年数の短い方に気軽に手に取っていただけるような本は多くないということである。仮にそうした本があれば，企業内で法務・コンプライアンス部門の管理者の方が，新入りのチームメンバーに，「まずはこれだけ読んで基本を押さえて」，「うちに来る前に，ざっと目を通して予習しておいて」というような指示をしていただくことによって，社内の法務・危機対応力の強化につなげていただけるのではないか。

　そうした考えに基づき，「ビジネス法務」誌において「類型別　不正・不祥事への初動対応」という連載を開始した。いずれの回も，簡単な社内勉強会を開催することなどを意識して，テーマごとに事例を設け，参照すべき法令やガイドラインを明記した。

　そして，この連載においては，まさに企業内部で本当に重要なこと（時として，外部の弁護士からは見えていない部分）にまで目を行き届かせることが上

記趣旨に適うと考えられた。そこで，さまざまな企業でコンプライアンス・危機管理業務の中核を担うプロフェッショナルの助力を得ることが不可欠と考え，執筆メンバーへの参加を依頼した。

　執筆メンバーは，TOYO TIRE株式会社執行役員コンプライアンス・リーガル本部長（当時）の瀧脇將雄氏により創設された関西コンプライアンス研究会のメンバー有志5名，すなわち，同氏，岩永敦之氏（エア・ウォーター株式会社），木本昌士氏（株式会社ダスキン），永井潤氏（東洋紡株式会社），増成美佳氏（参天製薬株式会社）（氏名50音順）という強力な布陣からなる。関西コンプライアンス研究会に敬意を表し，また，深刻なテーマに少し和らぎを増すため，事例の一部に関西ゆかりの地名や名物を織り込ませていただいた。

　以上の結果，連載は，多くの方から好評の声をいただき，また，次につながる建設的なご意見・ご指摘を頂戴することができた。好評の理由としては，以下のようなことが挙げられていた。

① 企業に問題が生じた直後にとるべき動きを類型別に，「平易に分かりやすく」，「できるだけ具体的に」述べた論稿
② それを法律事務所所属の弁護士という外部アドバイザーだけではなく企業の法務・コンプライアンス部門の方と合作することにより相互のノウハウを持ち寄った論稿

　そこで，「ビジネス法務」誌における全6回の連載（個人データの漏えい，キックバック，品質データ偽装，反社会的勢力との取引，環境汚染，企業幹部の私生活上の犯罪）に，新たに7つの題目（ハラスメント，会計不正，インサイダー取引，不当表示，カルテル・談合，海外贈収賄，ビジネスと人権）を加え，かつ，普遍的内容を述べる序章を加えた全14章構成にして，本書を上梓するに至った。

　書籍化にあたっては，連載時よりも紙幅に余裕ができた分，各テーマの内容

を充実させた。加えて，現実の企業内の危機対応においては，常に再発防止策を見据えて対応しなければならないという複数の方々の声を受け，各章において，「再発防止策——初動対応の一歩先を見据えて」という項目を加えた。

　執筆に当たらせていただいた当職ら森・濱田松本法律事務所所属の18名の弁護士（今泉憲人，奥田敦貴，加藤裕之，北和尚，重冨賢人，白根央，高田和佳，高宮雄介，田中亜樹，千原剛，塚田智宏，蔦大輔，西本良輔，宮田俊，御代田有恒，山内洋嗣，山内裕雅，山田徹（氏名50音順））にとっても，このうえない研鑽の機会となったことも言うまでもない。

　本書が，実際の不正・不祥事発覚時に備える平時からの準備，万が一不正・不祥事が発覚したときの対応，とりわけ各企業の法務・コンプライアンス部門の対応力の底上げに資することがあれば幸いである。
　本書の刊行に当たっては，株式会社中央経済社の和田豊氏，ビジネス法務編集部に多大なるご尽力をいただいた。ここに記して深く御礼申し上げたい。

弁護士　**山内洋嗣，山田　徹**

■凡　例

【法令・ガイドライン等】

育児・介護従業法：育児休業，介護休業等育児又は家族介護を行う労働者の福祉に
　　関する法律（平成3年法律第76号）

開示ガイドライン：企業内容等の開示に関する留意事項について（企業内容等開示
　　ガイドライン）

開示府令：企業内容等の開示に関する内閣府令（昭和48年大蔵省令第5号）

会社法：会社法（平成17年法律第86号）

監査証明府令：財務諸表等の監査証明に関する内閣府令（昭和32年大蔵省令第12号）

セクハラ防止指針：企業が職場における性的言動に起因する問題に関して雇用管理
　　上講ずべき措置等についての指針（平成18年厚生労働省告示第615号）

金商法：金融商品取引法（昭和23年法律第25号）

刑訴法：刑事訴訟法（昭和23年法律第131号）

景品表示法：不当景品類及び不当表示防止法（昭和37年法律第134号）

刑法：刑法（明治40年法律第45号）

健康増進法：健康増進法（平成14年法律第103号）

建築基準法：建築基準法（昭和25年法律第201号）

個情法Q&A：個人情報保護委員会「『個人情報の保護に関する法律についてのガイド
　　ライン』に関するQ&A」（令和4年4月1日更新）

個情法GL（通則編）：個人情報保護委員会「個人情報の保護に関する法律についての
　　ガイドライン（通則編）」

個人情報保護法：個人情報の保護に関する法律（平成15年法律第57号）

個人情報保護法施行規則：個人情報の保護に関する法律施行規則（平成28年個人情
　　報保護委員会規則第3号）

産業標準化法：産業標準化法（昭和24年法律第185号）

消費生活用製品安全法：消費生活用製品安全法（昭和48年法律第31号）

消費生活用製品安全法の規定に基づく重大事故報告等に関する内閣府令：消費生活
　　用製品安全法の規定に基づく重大事故報告等に関する内閣府令（平成21年内閣府
　　令第47号）

上場規則：有価証券上場規程施行規則（東京証券取引所）

上場規程：有価証券上場規程（東京証券取引所）

食品表示基準：食品表示基準（平成27年内閣府令第10号）

食品表示法：食品表示法（平成25年法律第70号）

製造物責任法：製造物責任法（平成 6 年法律第85号）

男女雇用機会均等法：雇用の分野における男女の均等な機会及び待遇の確保等に関する法律（昭和47年法律第113号）

電気通信事業法：電気通信事業法（昭和59年法律第86号）

電気通信事業報告規則：電気通信事業報告規則（昭和63年郵政省令第46号）

電気通信事業法施行規則：電気通信事業法施行規則（昭和60年郵政省令第25号）

道路運送車両法：道路運送車両法（昭和26年法律第185号）

特定商取引法：特定商取引に関する法律（昭和51年法律第57号）

独禁法：私的独占の禁止及び公正取引の確保に関する法律（昭和22年法律第54号）

パワハラ防止指針：企業が職場における優越的な関係を背景とした言動に起因する問題に関して雇用管理上講ずべき措置等についての指針（令和 2 年厚生労働省告示第 5 号）

不正競争防止法：不正競争防止法（平成 5 年法律第47号）

民法：民法（明治29年法律第89号）

薬機法：医薬品，医療機器等の品質，有効性及び安全性の確保等に関する法律（昭和35年法律第145号）

労働施策総合推進法：労働施策の総合的な推進並びに労働者の雇用の安定及び職業生活の充実等に関する法律（昭和41年法律第132号）

【その他】

ウェストロー：ウェストロー・ジャパン

金判：金融・商事判例

金法：金融商事法務

刑集：最高裁判所刑事判例集

東証：株式会社東京証券取引所

判タ：判例タイムズ

目　　次

第1章　個人データの漏えい ──────── *25*

第2章　キックバック ————————— *41*

第5章　環境汚染 ——————————— 81

第9章 インサイダー取引 ─────── *137*

■序　章

あらゆる類型に共通する初動対応のポイント

　序章では，すべての不正・不祥事に通底する初動対応のポイントについて述べる。

I ｜ ４つの心得〜初動対応で何よりも大切なこと〜

　第一に，スピードである。自明であるため，長々と理由は述べない。

　不正・不祥事の疑いが生じたとき，いかに迅速な初手を打つか。疑いの濃淡によらず重要なことである。疑いが判明してから24時間の動き，１週間の動き，１カ月の動きについては，「適切であったか否か」はもちろん，「迅速であったか否か」も事後的に厳しく検証される。本書を著したのは，まさに，そうした事後検証の局面で，法務・コンプライアンス担当者が誹りを受けることがないようにするためである。

　第二は，予断を抱かないことである。

　「うちの役員に限って，反社とのつながりなどあり得ない。」

　「部の誰にも気付かれずに，数十億円もの架空取引を行うことは不可能。」

「××工場で品質偽装など考えられない。だって，去年まで僕がそこにいたのだから。」

こうした思い込み（あるいは，無意識のバイアス）が命取りになる。匿名の投書であろうが，クレームめいた内部通報であろうが，まずは真摯に向き合うべきである。誰しも，自分が色眼鏡を掛けているとは思っていないので，ニュートラルな目は「意識的に」持たなければならない。

第三に，「情報共有と保秘徹底のバランス」である。一部の者が情報を抱え込んでしまうと初動の遅れにつながる。上司，担当役員，外部弁護士に共有するなどし，適切なチームで事に当たらなければ対応を誤る。ネガティブな情報こそ，上層部への迅速なエスカレーションが求められる。バッドニュースファーストである。

「こんなことを××部長の耳に入れるわけにはいかないだろう」とささやくもう1人の自分に屈してはならない。

もちろん，情報共有の範囲を不用意に広げることは機密の社外漏えいを招く。一従業員によるSNSへの投稿が，またたく間に全世界に拡散する時代である。情報共有と保秘の徹底の要請は，時として相矛盾するため，2つを天秤にかけたときのバランスが求められる。

最後に，第四として，不都合な真実と向き合う胆力を挙げたい。

「寝た子を起こさずにそっとしておけば，何事もなく過ぎ去ってくれるかもしれない。」

「問題が表面化したら，自分も監督責任を問われ，ただでは済まない。」

こうした考えは，多かれ少なかれ，不正・不祥事を目の当たりにしたすべての者に生じてしまう。しかし，事実（ファクト）から逃れることは，とりもなおさず「隠蔽」である。

初動対応においては，過剰反応や針小棒大も避けなければならない。しかし，対応に当たる1人ひとりが，毅然と，フェアかつロジカルな姿勢を持つことが求められる。臭い物に蓋をする誘惑を捨て，社内の「抵抗勢力」と戦う気力と体力を保ちたい。

Ⅱ 初期的調査における調査体制

1　初期的調査の要点

　企業は，不正・不祥事の疑いを持った場合，ただちに事実関係の調査に着手しなければならない。この最初の一歩がとりわけ重要であり，初期的調査によって事案の大枠をつかみ，それに応じて以降の対応方針や調査体制を決定することになる。

　初期的調査のつまずきが事態をさらに悪化させ，致命傷となった企業は少なくない。

2　初期的調査のメンバー選定

　では，不正・不祥事の疑いを持った企業は，どのようなメンバーによって初期的調査の対応チームを組めばよいのだろうか。

　いずれの問題も法務・コンプライアンス部門を中心として，品質データ偽装問題であれば品質保証部，反社会的勢力問題であれば総務部など，生じている問題に関係する部署を加えた形でチームを構成していく。最初のうちは，保秘のために，役職者（管理者）中心のチームで，徐々にすそ野を広げていくことになるだろう。もちろん，問題のあった部門の役職員は「調査される側」であり，対応チームには原則として加えないことになる。「原則として」と述べたのは，企業規模が大きくなり，専門化が進むと，まさに問題があった部門の役職員でなければ問題の詳細がわからないということもあるからである。

　しかし，企業の規模が大きくなり，専門化・分業化が進むと，まさに問題のあった部門・部署の役職員でなければ問題の詳細が分からないということもある。特に，正確かつ迅速な判断に高度な専門知識が求められるような場合，対応チームのメンバーでは，そのような知見や経験が限定的なこともあり，その

ようなときには，情報管理を徹底したうえで，不正・不祥事が発生した疑いのある部門・部署のなかでその事案に（ほぼ確実に）関与していないと考えられる役職員を対応チームに加えることになる。

　また，不正・不祥事の舞台が企業の本体ではなくグループ会社であった場合には，グループ会社の関係部門とも連携を図る必要が出てくる。さらに，海外で発生した不正・不祥事が問題となったり，国内で発生した不正・不祥事が国際的な広がりを見せたりするケースも増えている。このような場合，問題が発生した国を所管する海外部門に加え，現地の拠点や現地法人とも連携を図る必要がある。

　初期的調査において，事案の内容が高度に専門的・技術的であったり，社会に与える影響が大きいものであったり，会社ぐるみの組織的な不正の事案であったりすることが判明した場合には，早期に危機管理に精通した弁護士等の外部専門家を対応チームに加えることを検討する必要がある。外部専門家を起用する目的としては，危機対応についての専門的な知識やノウハウを活用して調査体制の拡充・調査の効率化を図ることのほか，客観的な視点から調査を実施できることがあげられる。

　その他，公認会計士や税理士に加え，近年ではデジタル・フォレンジック（改変や消去が容易な電子データについて，改変等を加えないように保全管理をしたうえで，削除された電子データの復元や分析を行う調査手法）やITの専門業者のサポートを得るケースも多い。

　社内調査の実施にあたっては，対応チームと不正・不祥事に関わった疑いのある部門・部署との間で，調査手法や方針等をめぐり対立が生じることもある。問題が疑われる部署には，調査をできるだけ限定的なものとし，事案を矮小化するインセンティブが生じ得るからである。

　そのような事態により調査が停滞することを避け，徹底した調査を行うためにも，トップ（代表取締役社長，CEO等）から，社内調査にしっかりと協力するよう号令をかけてもらうことが望ましい。また，場合や条件によるものの，自発的な調査協力者に対する懲戒処分の減免（いわゆる社内リニエンシー）の

適用も，調査の効率推進のためには効果的な場合もある。

3　求められるのは「臨機応変」

　以上のとおり，事案の内容・性質によって，対応チームの組み方は変わってくる。しかし，初期的調査の段階では，事実関係の詳細が明らかになっていないことが通常であり，担当者は手探りで調査を進めなければならないことも多い。

　以上では，主に部門・部署に着目したメンバー選定を述べたが，現実には，その部門・部署のどれくらいの役職の人間まで調査に関わらせるべきか，あるいは，より具体的に，「Ａさんは，いまの繁忙度からして本件の対応が可能だろうか。」という悩みもある。

　メンバー選定という「人」に関する判断に，決まった解はない。重要なのは，その時々の状況に応じて臨機応変に最適な対応チームを組むことである。

Ⅲ　初期的調査

1　初期的調査の目的

　不正・不祥事事案が発覚する端緒には，**図表1**のとおり，さまざまな類型が想定される。

　これらの発覚の端緒から得られる情報の量や質はさまざまである。そのため，こうした端緒からのみ得られた情報に基づいて，ただちに対応方針を決定することは困難なケースが多い。

　そこで，不正・不祥事事案の端緒を得た場合，対応方針を決定するのに必要な情報を獲得するため，初期的調査を実施することが必要となる。

　初期的調査における2つの目的は，①基本的な事実関係を把握すること，お

よび②不正・不祥事事案の広がりや対外的影響の程度を見立てることである。

【図表1】 不正・不祥事発覚の端緒

〈企業内部の端緒〉　　　　　　　　　　〈企業外部の端緒〉

不正・不祥事への関与者による自主申告　　警察・検察による捜査
役職員による内部通報　　　　　　　　　　税務調査
関係会社役職員や取引先からの通報　　　　その他の行政機関による調査
消費者からのクレーム　　　　　　　　　　事件・事故の発生
経営者の交代や人事異動　　　　　　　　　マスコミ報道
内部監査部門・会計監査人による監査
日常業務

〈企業内外いずれか明確ではない端緒〉

匿名の投書

2　基本的な事実関係の把握

(1)　初期的調査段階におけるヒアリング

　初期的調査の段階において，事案の概要を早期に把握するためには，関係者からのヒアリングが最も効果的なケースが多い。

　ヒアリングを実施するにあたっては，予断を持たず，丁寧に聴き取りを行うことが重要である。そして，ファクトを確認することが何よりも重要である。この段階で，当事者の意見や主張を聞いても意味がないことが多い。この際，法令違反が問題となる事案では，いかなる事実関係を聴き取るべきかを検討する前提として，あらかじめ，適用法令についての調査をしておく必要がある。

　「まず何よりも関係者からのヒアリング」という発想は誤りではないが，まさに不正・不祥事を実行していたことが疑われる者に対するヒアリングは注意しなければならない。

　したがって，不正・不祥事をまさに実行していた可能性のある者へのヒアリ

ングについては，関連証拠がどれほど集まっているか（＝どれくらい外堀が埋まっているか）や調査の緊急度（＝人の生命身体に影響があるような不正・不祥事か否か）等をにらみながら慎重に実施することになる。

　なお，ヒアリングの実施に際しては，情報管理・保秘の観点から，対象者にヒアリングの内容を口外しないことなどを内容とする誓約書に署名させる場合もある。また，ヒアリング内容を記録化・証拠化するため，その内容をまとめたヒアリングメモを作成しておくべきである[1]。

(2)　証拠の保全・収集

　事実の認定にとって決定的に重要なのは，客観的証拠による裏付けである。関係者の供述は，時間の経過とともに薄れ変容する可能性があり，本人の表現力や正確性に左右されるからである。しかし，客観的証拠も保全しなければ失われてしまう。不正・不祥事事案に関与した者が改ざんをしたり，隠滅をしたりしてしまう場合があるからである。そのような行為が行われた場合，事実関係の解明はきわめて困難なものとなる。したがって，初期的調査開始後速やかに，客観的証拠を保全・収集する必要がある。

　具体的にどのような証拠を収集すべきかは，不正・不祥事事案の類型ごとに異なる。不正・不祥事を決定的に裏付ける客観的資料や関係者間のメールのやりとり等の重要な証拠は，PCやスマートフォン等のデジタルデバイスに保存されている可能性が高い。そこで，こうした電子証拠を保全・収集するうえでは，デジタル・フォレンジックの技術を用いることが有効である場合が多い。

　国境を越えた不正・不祥事事案の場合には，法制度に応じた証拠保全通知をしなければならない。国内に留まる問題の場合にも，関係する部署に対し，関係書類やデータを捨てたり，上書きしたりしないようにすることを求める場合がある。

　書類やデータといった客観的証拠を念頭に証拠の保全の必要性を述べたが，

1　誓約書とヒアリングメモの書式例に関しては，藤津康彦ほか『企業の危機管理書式集』（中央経済社，2019年）13頁以下，同77頁以下を参照。

もちろん，証拠の保全の必要性は，客観的証拠だけに限られない。上記で述べた関係者の供述も，「口裏合わせ」などが行われる前に確保しなければならない。したがって，ヒアリングの実施においては，対象者の順番に留意する必要がある。また，ヒアリングの際に，口裏合わせをせずに正直に事実を語ることの必要性を丁寧に説明することなどもまた証拠保全の１つである。

3　広がりや影響の把握

初期的調査においては，問題となっている不正・不祥事の基本的な事実関係の特定のみならず，それが①特定の部門・部署にとどまる問題か，それとも他の部門・部署においても生じている問題か，②同種の不正行為等が過去または現在に行われていないか，③自社の事業活動にどのような影響を与えるか，④取引先や投資家にどのような影響を与えるかなどを検証しておくことが重要である。

【図表２】初期的調査まとめ

基本的な事実関係の把握 ＋ 広がりや影響の把握 ① 他の部門・部署での発生可能性 ② 現在・過去における同種の不正行為等の有無 ③ 自社への影響の範囲・程度 ④ 社外（取引先・投資家）への影響の範囲・程度	◇ヒアリング ・5W1Hの確認，予断・思い込みの排除，情報管理 ◇証拠の保全・収集 ・PCやスマホへのデジタル・フォレンジック ・口裏合わせの防止

Ⅳ 本格調査における調査体制

1　本格的な調査体制の構築

　初期的調査によって不正・不祥事の基本的な事実関係を把握することができたならば，それを踏まえて本格的な調査体制を構築することになる。調査体制の構築にあたっては，①事案の専門性・複雑性，②個人による事案か会社ぐるみの事案か（特に役員等のトップマネジメントの関与の有無・程度），③社会に与える影響（発生する損害の規模・性質，マスコミの反応），④監督官庁等による調査・検査や指導の状況，⑤監査法人や取引所，メインバンク等の意向，⑥捜査当局の動向，⑦行政処分や訴訟提起の可能性，⑧過去に問題となった事案が再発したものか等の事情を考慮することになる。

　本格調査における調査体制としては，大きく分けて次の(1)〜(4)の４つの類型があり，不正・不祥事に応じて適切な調査体制を判断・選択する必要がある。

(1)　「既存部署による調査（委員会非設置）」型

　内部調査委員会等を設置せずに既存の部門・部署によって行う社内調査である。たとえば個人によるパワハラや出張旅費の不正請求等であれば，わざわざそのための委員会を設置する必要まではなく，既存部署で対応できる場合が多いであろう。

(2)　「社内調査委員会」型

　既存部署による調査（委員会非設置）では対応できない事案において，社内の役職員で構成される調査委員会を特別に設置して行われる調査である。「内部調査委員会」と呼ばれることもあるが，決まった呼称があるわけではない。外部専門家を起用しないため低コストで済み，社内事情に精通した人間が調査を担当するため迅速性や機動性にも優れる反面，独立性や専門性という点では

限界がある。

(3) 「外部調査委員会」型

　外部専門家を含む委員会による調査である。「外部調査委員会」と呼ばれたり，「特別調査委員会」と呼ばれたりするが，決まった呼称を用いなければならないわけではない。たとえば，特定の工場で長期的に行われてきた品質データ偽装のような組織的な事案や，多額の粉飾決算のような専門的な知見が必要な事案では，社内の役職員による調査だけではステークホルダーの信頼を回復することは困難な場合が多いであろう。このような事案では，弁護士や公認会計士，その分野の学者・有識者等の外部専門家を加えた調査委員会による調査の方が望ましいといえる。

(4) 「第三者委員会」型

　外部の弁護士等を中心とした高い独立性と中立性を有する第三者委員会による調査である。狭義の第三者委員会は日本弁護士連合会の「企業不祥事における第三者委員会ガイドライン」（以下「第三者委ガイドライン」という）に準拠したものを指す[2]。

　しかし，第三者委ガイドラインはあくまで「ガイドライン」であり，第三者委ガイドラインを一部修正するなどして運営されるものも「第三者委員会」と呼称されている。社会的に大きな注目を集める不正・不祥事等であれば第三者委員会の設置が必要となる場合が多いであろうし，取引所や監督官庁等から第三者委員会の設置を要求される場合もある。

2　第三者委ガイドラインは第三者委員会について「企業等から独立した委員のみをもって構成され，徹底した調査を実施したうえで，専門家としての知見と経験に基づいて原因を分析し，必要に応じて具体的な再発防止策等を提言するタイプの委員会」と定義している。

【図表3】調査体制の比較

組織構成	規模・組織性	社会的影響	調査主体	結果公表の要否	コスト（時間・費用）
既存部署による調査（委員会非設置）	より小	より小	自ら	通常不要	より小
社内調査委員会	小	小	自ら	事案による	小
外部調査委員会	中	中	自ら	事案による	中
第三者委員会	大	大	第三者	原則必要	大

　上記の**図表3**のとおり，これらの調査体制にはメリット・デメリットがあり，いずれの調査体制が適切といえるかは事案によって異なる。そのため，一概に第三者委員会の設置が望ましいというものではない。たとえば，第三者委員会の場合，委員会と会社間の調査結果の共有には厳格な制限が設けられており[3]，出荷した製品に品質偽装が疑われる場合のように，調査と並行して顧客対応が必要となる事案では，第三者委員会より外部調査委員会の方が適している場合もある[4]。

2　委員会設置時に会社側で必要となる段取り

　外部調査委員会や第三者委員会による本格調査を行う場合，会社側には通常業務とは異なるさまざまな作業が発生する。

　まず委員として誰を選定するかを決めなければならない。弁護士にも専門分野があり，危機管理や内部統制，コンプライアンス等を専門とする弁護士に依

3　第三者委ガイドライン第2部第2.3参照。
4　国際的な広がりをみせる不正・不祥事では欧米等における弁護士・依頼人間秘匿特権（Attorney-Client Privilege）にも注意する必要がある。調査を担当する弁護士の立場や報告書の公表の在り方等によっては秘匿特権が認められず，民事訴訟や政府による調査において，企業が広範な関連資料の開示義務を負ってしまう場合がある。

頼することが望ましい[5]。会計不正等が問題となる事案であれば，公認会計士を委員に選任することも多い。また，高度の独立性・中立性が要求される第三者委員会の場合，顧問弁護士のように会社と利害関係を有する者を委員に選任することは妥当性を欠くとされている[6]。

次に調査の目的・スコープを設定する必要がある。これらは事案に応じて委員と協議をして設定することになるが，一般的に不正・不祥事に関する①事実関係の究明，②原因の究明，③再発防止策の提言，があげられる。また，調査報告書の公表の有無や公表の範囲，調査報告書の取扱い等についても，このときに協議をしておいた方がよいであろう。

委員の報酬は時間制（タイムチャージ）が原則となる。訴訟等で用いられる着手・成功報酬制はそもそも「成功」の概念が曖昧なうえ，会社が期待する調査結果を導こうとする動機につながり得るため不適切とされている[7]。委員とは委任契約書を取り交わす必要があるが，通常の顧問弁護士等とは委任事務が異なっているため，特別な委任契約書を使用することになる[8]。

本格調査にあたって，会社側でもサポート体制を整備する必要がある。当然ながら委員は会社内の事情には精通しておらず（それが中立性や独立性を基礎付ける要因の1つでもある），会社側のサポートがなければ実効性のある調査を行うことは困難であろう。そのため，委員からの関係資料・電子データの徴求や会社関係者へのインタビュー依頼の調整等については，会社側で窓口となる部門・部署を指定したり，事務局を設けたりするなどして迅速かつ効率的な対応を取れる体制を整備しておくことが望ましい。不正・不祥事の内容によっては，事務局は社内から一定の独立が保たれ，調査に関連する情報が社内に広く流出しないようにする必要があるであろう。

5　委員だけで調査を実施することは困難であるため，通常は調査補助者として弁護士や公認会計士，税理士，デジタル・フォレンジック業者等に業務を委託する場合が多い。
6　第三者委ガイドライン第2部第2.5参照。
7　第三者委ガイドライン第2部第6.2参照。
8　前掲『企業の危機管理書式集』45頁参照。

V ┃ 当局対応

　企業において不正・不祥事事案が発生した場合，企業およびその役職員に対して，警察や検察等の捜査当局による捜査，証券取引等監視委員会や公正取引委員会等による犯則調査・行政調査，経済産業省，国土交通省等の行政当局がそれぞれの所管する法律の権限に基づいて行う行政調査が行われることがある。不正・不祥事事案により，企業およびその役職員が調査の対象となり，企業へ行政処分等がなされた場合や，企業および役職員が捜査の対象となり，役職員の刑事訴追やいわゆる両罰規定により企業に罰金刑が科されることとなった場合，企業が被るレピュテーションダメージや事業への影響は計り知れない。そのため，企業は，適時適切な当局対応をする必要がある。

　以下，捜査当局対応（警察や検察への対応）と行政当局対応について分けて述べる。

1　捜査当局対応

(1)　捜査の流れ

　警察や検察という捜査当局による一般的な捜査の流れは，**図表4**のとおりである。

(2)　捜査に対する基本的方針の決定

　捜査当局による捜査は，刑事罰が予定されている点が，行政調査との主な違いである。

　企業としては，不正・不祥事事案を把握した当初から，捜査当局への自主申告（自首や日本版司法取引の利用の検討を含む）の適否等の刑事手続に即した対応を検討する必要がある。また，企業が不正・不祥事事案を把握しておらず，前触れもなく捜査が開始された場合においても，企業は，捜査の初期段階から，

迅速に事実関係を把握し，捜査に対する基本的方針を決定する必要がある。

【図表４】捜査の流れ

捜査の端緒	告訴・告発，密告・投書，マスコミ情報，他の行政機関からの情報提供等
↓	
任意捜査	内偵，金融機関等に対する捜査関係事項照会，被疑者の身辺捜査，参考人に対する取調べ，被疑者に対する取調べ等
↓	
強制捜査	捜索・差押，逮捕・勾留
↓	
起訴・不起訴の決定	起訴された場合には刑事裁判が開始される

　捜査当局による捜査がなされている場合には，すでに事態が重大化している場合が大半であること，最終的に刑事訴追が予定されていることから，初動対応から弁護士が深く関わって対応することが求められる。また，そのなかで，企業としては，捜査当局の捜査に対して，どのような姿勢で臨むのかを決定しなければならない。もちろん，基本的には，捜査当局の捜査に全面的に協力するとの方針を採用することが適切な場合が多い。しかし，犯罪の嫌疑の内容が企業として受け入れられない場合には，もう一段ディフェンシブな対応を取ることも検討せねばならない。

　また，捜査の進展によって新たな事実が判明したり，捜査の方向性が変更されたりすることもあるため，捜査に対する基本的方針は，都度，柔軟に見直されるべきである。

(3) 取調べへの臨み方

　企業の役職員が捜査当局による取調べを受ける場合には，事前に，どのようなスタンスで取調べに臨むべきか，供述調書の証拠としての重要性等について弁護士からレクチャーを受ける必要がある。

　その際，企業としては事実を認めて争わない意向であるのに対し，役職員個

人は否認して争う意向である場合，逆に，役職員個人は事実を認めて争わない
意向であるのに対し，企業は否認して争う意向である場合がある。これらの場
合には，役職員個人と企業の利益が相反することとなる。そのため，企業が役
職員個人に対し企業の意向に沿って供述するよう働きかけ，役職員個人の刑事
手続上の権利を害した，あるいは口裏合わせを行ったなどといった批判を受け
ることのないよう，役職員個人の権利に配慮した適正な方法を取らなければな
らない。具体的には，企業の役職員個人には，企業とは異なる弁護人を選任し
てもらい，企業はその弁護人を通じてコミュニケーションをとることなども検
討すべきである。

　また，取調べの後に，役職員個人に対してヒアリングを実施し，取調べの内
容について企業にフィードバックさせることも可能である。この場合も，口裏
合わせなどの嫌疑がかからないように弁護士が立ち会うことが望ましい。こう
した取組みにより，企業は，捜査官が関心を抱いている事項や捜査の進捗状況
等を把握することができる。

2　行政当局対応

　行政当局が行う行政調査とは，証券取引等監視委員会，公正取引委員会，国
税庁やその他監督官庁により行われる訂正命令，排除措置命令，課徴金納付命
令，更正処分等の行政処分を目的とした調査である。捜査当局による捜査と違
い刑事罰を目的としたものではないが，企業内外の混乱を回避するとともに，
企業の信用失墜等を防ぐという基本的な目標は共通している。

　行政当局に強制調査権限はないが，検査・調査に対する拒否や妨害等に対し
ては刑事罰が予定されている。たとえば，広告に対する不当表示に関する不
正・不祥事事案が発生した場合，消費者庁等が行政当局として調査を行うこと
となる。この場合，消費者庁は法律に基づく調査として，報告命令，提出命令，
立入検査，質問調査等の調査を行うことができ（景品表示法29条1項），企業の
役職員が求められた報告や資料の提出をしなかった場合や検査を拒んだ場合等

において，役職員に刑事罰が科される可能性があるほか（景品表示法37条），両罰規定により企業に罰金刑が科される可能性がある（景品表示法38条１項２号）。

　企業は，行政調査の対象となり得る不正・不祥事事案を把握した場合であっても，捜査当局による捜査の場合と同様に，行政当局への自主的な報告を含めた対応方針を検討する必要がある。こうした対応方針を決するために必要な事実関係の把握においては，関連する法令についての知識や当局対応のノウハウが不可欠となるため，やはりこれらに通じた弁護士の関与のもとで行われることが多い。

　また，行政調査においては，たとえば独占禁止法におけるリニエンシー制度（**第11章**参照）のように，特殊な制度や手続が設けられていることがあり，それらを踏まえた対応が検討されるべきことに注意を要する。

Ⅵ　国境を越えた不正・不祥事事案への対応

　昨今，日本企業の海外進出に伴い，国境を越えた不正・不祥事対応の必要性も増している。その対応は，国内事案に比して難易度が高い。そして，対応を誤ったがゆえに，米国司法省等の海外当局に巨額の罰金を支払った事例も多く，企業は頭を悩ませている。以下では，国境を越えた事案でとりわけ問題になる点を述べる。

1　事実の把握の難しさ

　国境を越えた不正・不祥事事案への対応が困難であるのは，まず何よりも事実関係の把握が困難であることにある。地理的にも心理的にも遠い場所で問題が生じており，国内の事案に比べて入ってくる情報が格段に少ない。また，新興国を中心に，情報源が必ずしも信頼に値しないことも多い。そもそも，ITシステムや労務管理がどうなっているのかなど前提となる基礎情報も国内ほど

正確に把握されていないことが多い。

2　海外法の適用によるリスク把握の難しさ

　馴染みの少ない海外法の適用を受けることから，その不正・不祥事事案に対する適切なリスク評価を行うことも困難である。そのため，国境を越えた不正・不祥事事案が明らかになった初期段階から，関連する機関や規制当局対応に関する知見を有する現地の弁護士を起用する必要性が高い。適用される法令，関連する刑事手続・行政手続，制裁の内容，一般的な対応実務等の概要といった，日本であれば社内のリソースである程度対応可能な事項も，海外の不正・不祥事対応に関しては，一から外部のアドバイスを求めなければならないことが多い。

　たとえば，米国では，依頼者と弁護士とのコミュニケーションについて，一定の要件のもと秘匿特権（Attorney-Client Privilege）が認められ，海外当局による提出命令や民事訴訟の証拠開示手続の対象外となる。また，秘匿特権に関連し，米国で用いられるアップジョン警告（Upjohn Warning）と呼ばれる告知も重要である。このアップジョン警告は，企業を代理する弁護士による企業の従業員に対するヒアリングにおいて，その従業員と企業を代理する弁護士との関係で秘匿特権が発生することを防ぐためなどの目的で行われる。

　また，海外当局に対する報告義務や公表義務について，現地法に基づけば「30日以内」等の厳格な時間制限が現地法で定められている場合があり，こうした規制をうっかり見逃してしまうと取り返しがつかない。さらに，海外においては，役職員による証拠の隠滅等の罪に対して，重い制裁が規定されている例もあり，証拠の保全においてもより慎重な考慮を要する。

　なお，現地の弁護士や法律事務所の起用にあたって，選定に迷うような場合，まずは日本の法律事務所に相談のうえ，候補先をいくつか紹介してもらい，対象事案に関する専門性，経験値，および費用面等の情報を入手のうえ検討を進めるとよい。加えて，コミュニケーション面での支援や現地の弁護士のコメン

ト等に対する専門的な助言を得るべく，並行して日本の法律事務所を起用する
方が効率的な場合も多い。

VII 広報対応
——公表の要否・ステークホルダーへの個別説明

1 広報対応の重要性

　不正・不祥事事案が発生した場合の広報対応を誤れば，企業に対する信用や
社会的評価を大きく低下させることとなる。他方，緻密な広報戦略によって，
企業のレピュテーションダメージを最小限に食い止めることも可能となる。こ
のように，広報対応は，不正・不祥事事案によって企業の受けるレピュテー
ションダメージを大きく左右し，その点において，初動対応における重要課題
の1つである。

2 公表の要否の検討枠組み

　不正・不祥事事案を公表する場合には，緻密な広報戦略の策定と広報対応が
必要となるため，不正・不祥事事案について公表を要するか否かを判断しなけ
ればならない。

　公表を要するか否かは，①法令等による開示義務付けがあるか，②二次被害
の発生を回避すべき事情があるか，③公表しないことが「隠蔽」と非難され得
る事情があるかを中心に検討することが望ましい。

　第1に，①法令等による開示義務付けがある場合には，当然公表をしなけれ
ばならない。法令等による開示義務付けがあるかについては，上場会社におい
ては金商法上の継続開示義務（臨時報告書，有価証券報告書等）や証券取引所
の適時開示ルールを検討する必要がある。（たとえば，**第9章「インサイダー
取引」Ⅱ4**参照）。他方，上場会社であるか否かを問わず，法令等に基づき開

示が求められる場合がある（たとえば，**第3章「品質データ偽装」Ⅱ6**参照）。
自社の置かれた状況を踏まえて，速やかに検討する必要がある。

　第2に，法令等により開示が義務付けられていないとしても，②二次被害の
発生を回避すべき必要がある場合には公表を検討することが多い。二次被害の
発生を回避すべき事情があるかについては，たとえば，顧客，消費者，一般市
民等の生命・身体の安全に関わる問題（たとえば，**第10章「不当表示」Ⅱ3**
参照）や個人情報の漏えい（たとえば，**第1章「個人データの漏えい」Ⅱ6**参
照）等，公表により問題を広く知らしめないと二次的な損害拡大をもたらす事
情があるか否かの検討を要する。いずれの場合にも，損害賠償義務のみならず，
レピュテーションの低下，顧客離れ等の様々な論点を念頭に慎重な検討を要す
る。

　第3に，法令等による開示の義務付けも二次被害の発生を回避すべき事情も
ないとしても，③公表しないことが「隠蔽」と非難され得る事情がある場合に
は，公表をすることが望ましいケースもあり，そうした事情があるかを検討す
る必要がある[9]。しかしながら，不正・不祥事事案の態様・規模はさまざまであ
る。そのため，考慮要素は，以下の4つの事情を中心に諸般の事情を総合的に
勘案することとなる。

- 不正・不祥事事案がいずれ公になる可能性の程度（すでに社外に事情を把握
  している者がいるか否か等）
- 不正・不祥事事案が誰にどのような影響を与える問題か（企業内部の問題か
  否か，社会に与える悪影響の有無・程度等）
- 問題の重大性（質的重大性・経済的重大性）
- 対外的説明の必要性

9　たとえば，大阪高判平成18年6月9日判タ1214号115頁では，国内では未認可の食品添
　加物が使用された肉まんにつき，すでに販売済みで店頭在庫がない状況であっても，食品
　の安全性に関する消費者の意識がきわめて敏感であることを理由に公表を検討しなかった
　こと（公表しなかったことそれ自体ではない点には留意が必要）が，善管注意義務違反に
　該当すると判断された。

こうした検討は企業の内部者のみで検討してしまうとどうしても「内向き」の判断になりやすい。社外役員や外部の弁護士といった客観的な目線での意見を得ておくことが肝要である。

3　広報戦略の策定と広報対応

(1)　広報戦略の策定

　初動段階における広報戦略を策定するに際しては，さまざまな関連部署において刻一刻と情報のアップデートがなされる段階であるから，初期的調査にあたる対応チームにおいて情報の集約・管理を一元的に行い，できる限り正確に事案の全体像を把握するよう努めなければならない。もっとも，初動対応の時点では，事実関係の全容が解明されていないことから，最初から，確実な全体像を外部に示せることは少ない。

　現実的には，事実関係を段階的に示しながら，判明していない部分についての対応方針とともに説明をしていくことになる。この際には，①断定的表現は慎重に用いて，後から訂正をしなければならない可能性を低くすること，②事後的に自社が取り得る選択肢を狭めるような説明を避けることが重要である。

　悪い例としては，企業としての事実認識が二転三転する場合，初動の段階で批判をかわそうと，現実的に可能な範囲を超えた補償等に言及してしまい，後に被害の範囲が想定を超えたことが判明する場合等があろう。事後広報のまずさにより，不正・不祥事そのもの以上に社会から不信感を持たれてしまうこともあるため留意が必要である。

　公表方法も事案ごとに望ましいものを選択することになり，プレスリリースを行うにとどめるもの，記者会見まで行うもの等さまざまである。

(2)　具体的な広報対応

　広報対応に向けた具体的な作業としては，①ポジション・ペーパー，②プレスリリース，③想定問答等の作成があげられる。

　①ポジション・ペーパーは，企業の事実認識や評価について，回答者によってぶれることを防ぐための統一認識をまとめたものである。調査の進展によって，随時更新し，特に対外対応をする役職員間でタイムリーに共有していくことになる[10]。

　②プレスリリースは，ポジション・ペーパーをベースに，事実の開示範囲や現時点で判明していないことを明確にしつつ，不正・不祥事案の概要，発覚の経緯，発覚後の対応，影響範囲（たとえば，製品に関わる不正・不祥事案であればエンドユーザーへの影響），今後の対応（調査委員会の立ち上げ等），業績への影響および問い合わせ先等を慎重にまとめていき，多くの場合，今後の調査と続報に委ねる内容とすることになる。

　③想定問答は，記者会見用やマスコミ取材対応用の目的で典型的な問いと回答をあらかじめ作成するものである。こうした際，膨大な問いを連ねるだけの想定問答は役に立たない。回答案の棒読みは社会に良い印象を与えないし，どれほど緻密な準備をしたとしても想定外の問いは必ずあるからである。イメージとしては，ポジション・ペーパーを詳細化するイメージで，複数の質問に応用が利くQ＆Aを十数個作り，回答者がそれを完全に自分の頭で理解することが重要である。また，NGワードや回答してはいけないことの列記も有用である[11]。

4　各ステークホルダーへの個別説明

　公表を実施する場合，関係当局，取引先等のステークホルダーにいつ連絡するのかということとの兼ね合いも重要である。保秘を重視すれば，事前にステークホルダーへの説明を実施するのが困難なことが多く，公表後に個別説明を実施することが望ましいケースが多い。他方で，何をどこまで公表してよいかをこうしたステークホルダーと事前に協議しなければならない場合も多く非

10　書式例とその解説は，前掲「企業の危機管理書式集」125頁以下を参照。
11　書式例とその解説は，前掲「企業の危機管理書式集」136頁以下を参照。

常に悩ましい。公表前にステークホルダーと協議しなければならない事情がある場合には，インサイダー取引規制違反のリスクをも踏まえ，保秘徹底の依頼をすることはもちろん，タイミングを慎重に見極める必要がある。

　また，対外的に公表をしない場合においても，関係当局，取引先等のステークホルダーには個別説明を実施するという場合は多い。その際には広報戦略の策定に準じて，どのステークホルダーとの関係でも一貫した説明内容となるよう心掛ける必要がある。

Ⅷ 再発防止策の策定と実行

　調査によって不正・不祥事の内容が明らかになれば，次は同じような事案が再び発生することを防ぐために再発防止策を検討することになる。不正・不祥事を繰り返す企業に対する社会の目はきわめて厳しく，そのような企業にはもはや自浄作用がないと判断され，ステークホルダーからの信頼は失墜し，当局等からも重い制裁を受ける可能性がある。そのため，不正・不祥事の調査の締めくくりとして，再発防止策の策定は非常に重要である。そして，再発防止策は策定するだけでは意味がなく，その企業における誠実かつ継続的な実行を伴って初めて意味をなすものである。

　不正・不祥事の内容や発生した企業の状況はさまざまであるため，再発防止策も事案や企業に応じたものを策定する必要がある[12]。個別の事案ごとの再発防止策については各章に委ねるとして，ここでは再発防止策に共通する事項について簡単に触れておく。

　第1に，再発防止策は，徹底した原因・背景分析に基づくものでなければならない。不十分な調査や表面的な分析では事案の真因に辿り着くことはできず，

---

[12]　上場会社については，2018年3月30日に日本取引所自主規制法人から「上場企業における不祥事予防のプリンシプル」が公表されており，同プリンシプルも踏まえた再発防止策の策定が望まれている。

真に実効性のある再発防止策を立案することはできない。現経営陣としては，どうしても特定の個人や部門・部署に起因するものであると整理したい誘因が働くが，企業全体に通じる原因があるのではないかと立ち止まって考えることが重要である。

　第2に，再発防止策は具体的かつ実行可能な内容でなければならない。単に抽象的な理念や目標を掲げるだけでは，現場の従業員としては何を変え，今後はどういった行動を取っていけばいいのかなどの判断がつかない。他方で，その企業の業務の実情からあまりに乖離した再発防止策は，結局誰も実行しなくなってしまうため，「絵に描いた餅」となる。「守れないルール」に意味はなく，「守れるルール」，理想的には「守りたくなるルール」を講じていく必要がある。

　第3に，再発防止策は長期かつ継続的に実行されなければならない。不正・不祥事が発生した直後は，どの企業も緊張感をもって再発防止策に取り組む。しかし，時間の経過とともに記憶が風化し，役職員も異動し，再発防止策のモニタリングも疎かとなっていった結果，不正・不祥事が再発する企業は多い。不正・不祥事は，誰もが振り返りたくない「苦い経験」ではあるが，忌むべき「苦い経験」を繰り返さないために，その経験や教訓は語り継がれる必要がある。

　第4に，再発防止策は必ず経営トップ自らが先頭に立って実行しなければならない。再発防止策を会社組織の末端まで浸透させることは一朝一夕でなせるものではない。そのため，決して現場の従業員任せにするのではなく，社長・CEOを中心としたトップ自らが，全役職員の儀表たる自覚を持って，再発防止策を貫徹する姿勢を示す必要がある。役職員にとって，再発防止策は通常業務に加わる負担であり，それに全社一丸となって取り組ませる強いリーダーシップが求められる。

■第1章

個人データの漏えい

　第1章では，個人データの漏えいをテーマとし，データ漏えいの典型例である電子メールの誤送信を題材に，あるべき初動対応および押さえておくべき法制度を紹介する。

事例	X社の担当者Aは，本来Y社難波支店の担当者宛てに電子メールで送るはずだった，約1,500人分の氏名・住所・電話番号等が記載された「『大阪のたこやき屋ベスト10』ダイレクトメール送付先リスト」を，誤って同姓同名のZ社京橋支店の担当者宛てに送信してしまった。

初動対応チェックリスト

(1)　最初に行うべき事実確認（①漏えいの事実の有無，②漏えいした情報の内容・量，③影響範囲，発生原因）
(2)　誤送信先への連絡（削除依頼等）
(3)　証拠の保全
(4)　対応部署への連絡および対応チームの組成
(5)　当局，被害者，取引先対応
(6)　公表の要否の検討

I 個人データの漏えい事案への対応のポイント

　まず押さえておくべきポイントは，個人データ[1]の漏えいは，迅速かつ適切な対応をしなければ，個人データの主体や情報の提供元に二次被害が生じることである。また，個人情報保護委員会（以下「個情委」という）への速やかな報告が求められるケースも多い。したがって，個人データの漏えいは，さまざまな企業不祥事事案の中でも最もスピードが求められる類型の１つである。

　また，近年脅威を増しているランサムウェア[2]などに対応するためには，法令の正しい理解だけでなく技術的専門性が求められる。したがって，法務，IT，リスク，広報といった社内の各部署が，必要に応じて外部専門家と適切に連携する必要がある。

　さらに，個人データの漏えい事案では，個人データを漏えいされた被害者の数が膨大になる可能性もあるため，被害者への対応や個情委などの当局への対応も重要である。

II 初動対応

1 事案の把握および最初に行うべき事実確認

　個人情報の漏えいが発覚するきっかけはさまざまである。誤送信のケースでは，誤送信をしてしまった従業員または送信先に含まれる他の従業員による上長への報告や，誤送信先からの指摘等が端緒となるケースが多い。他方，外部

1　個人情報データベース等を構成する個人情報を指す（個人情報保護法16条３項）。
2　データを暗号化して身代金を要求するマルウェアをいい，近年では，暗号化したデータを復旧するための身代金の要求に加え，暗号化前にデータを窃取し，身代金を支払わなければデータを公開するといった脅迫を行うものが多い。

からのサイバー攻撃の場合，攻撃を受けていることを検知することが非常に難しく，たとえば半年以上攻撃の存在を認識していないケースも珍しくない。

　冒頭の事例の場合，まず，関連する電子メールの宛先および添付ファイルの内容を確認し，①誤送信の有無，②誤送信されたデータの中に個人データが含まれているか否かを確認する必要がある。次に，誤送信されたデータの中に個人データが含まれている場合，その内容（氏名，住所，電話番号といった項目），量（何人分か），機微情報の有無，影響範囲，発生原因を早急に把握する必要がある。

2　誤送信先への連絡（削除依頼等）

　誤送信が発覚した場合には，ただちに誤送信先に連絡をし，誤送信したメールの削除を要請することが必要である。

　誤送信の相手方が，誤送信されたメールおよび添付ファイルを閲覧する前に削除した場合は，そもそも「漏えい」がなかったと評価できる場合がある（後記Ⅲ(5)）。また，添付ファイルに高度なパスワードが設定されており，そのパスワードについては相手方に送信されていなかった場合も，その添付ファイルに記録された情報の「漏えい」はなかったと評価し得る。よって，誤送信先への連絡はできるだけ速やかに行うべきである。

　相手方がメールの削除に応じてくれる場合には，誤送信の相手方においてメールを削除済みであることのエビデンスとして，相手方に，「誤送信されたメールは削除した。」旨のメールを送ってもらうよう依頼することが望ましい。

3　証拠の保全

　事後的に，原因究明のための調査，再発防止策の検討を行うためには，関係する証拠を保全しておく必要がある。

　冒頭の事例の場合には，実際に誤送信されたメール（添付ファイルを含む）

等はもちろん，電子メールや添付ファイルへのアクセスに関するログを取得できる場合は，そのログの保全も必要である。

4　対応部署への連絡および対応チームの組成

　セキュリティ・インシデント対応に関する社内規程等がある場合は，それに従って対応部署への報告等を行い，組織としての対応を決定する必要がある。一般論としては，漏えいの規模が大きいまたは機微性の高い個人データが漏えいしたなどといった重大なセキュリティインシデントであれば，専門の部署で対応するケースが多い。また，重大事案と判断した際は，速やかに経営層への報告を行うべきである。

　冒頭の事例では，誤送信の相手はＺ社担当者のみであるが，誤送信先が多数に渡るケースでは，その数だけ対応コストがかかることを念頭にチームを組成しなければならない。

5　当局，被害者，取引先対応

　個人データが漏えいした場合，個人情報保護法に基づく対応として，個情委への報告の要否および個人データの主体（以下「本人」という）に対する通知の要否を検討する必要がある。また，各種業法に基づく対応のほか，プライバシーマークを取得している企業は，審査機関に対する事故報告が必要となる。

　さらに，漏えいした個人データが第三者からの委託を受けているデータや，取引先から提供されたデータである場合，委託契約やデータ提供にかかる契約に基づく対応が必要となる（法的な対応も異なる可能性がある）。

　たとえば，①対象データが秘密保持義務の対象に含まれるか，②過失による漏えいも秘密保持義務違反となり得るか，③データ漏えい時に契約相手に対する報告を要するか，④データ漏えいに関する原因究明等の調査費用は誰が負担するかといった事項につき，個別の契約における契約条項の有無およびその内

容について確認する必要がある。

6　公表の要否の検討

　個人データの漏えいがあった際には，漏えいの事実を公表するか否かの検討も必要となる。公表は義務ではないが，行うことが「望ましい」措置とされている。

　公表するか否かは，公表の目的に照らしてその必要性や意義を考慮する必要がある。たとえば，公表の目的が，本人に対する注意喚起および二次被害の防止にある場合は，すべての本人に対して個別に通知することができれば，その目的を果たすことができる。したがって，その場合には，あえて公表する必要はないとの判断にも合理性がある。ただし，漏えいしたデータが古いなどの事情により本人とコンタクトをとることができない場合には，通知の代替措置として，公表を検討することとなる。

　また，近年では，企業のレピュテーション・マネジメントの観点も重要であり，データ漏えいがあった組織が何らかの情報発信をする前に，報道やSNS等を通じてデータ漏えいの事実が発覚するケースが増加している。このとき，データ漏えいの事実を認識した企業がその漏えいについて何らの情報発信も行わなければ，企業はデータ漏えいの事実を隠蔽しているというあらぬ誤解を招き，その企業のレピュテーションが大きく毀損されるおそれがある。よって，第三者がデータ漏えいの存在を公開する前に，企業自らが公表することも検討すべきである。

Ⅲ | 関係法令等

1 個人情報保護法に基づく義務

　個人情報を取り扱う事業者は、一定の条件を満たす個人データの漏えい、滅失、毀損（以下「漏えい等」という）が発生した場合、個情委への報告および本人への通知を行わなければならない（個人情報保護法26条）[3]。また、個情法GL（通則編）3-5-2は、上記に加え、個人データの漏えい等またはそのおそれのある事案（以下「漏えい等事案」という）が発生した場合に、漏えい等事案の内容等に応じて、一定の事項について、必要な措置を講じなければならないとしている。

　漏えい等が発生した場合において、法令上義務付けられまたは求められる対応をまとめると、**図表1-1**のとおりである（⑥の公表に関しては個情法Q&A 6-30を参照されたい）。

【図表1-1】個人データ漏えい等発生時の対応事項一覧

■事案の内容に応じて講じなければならない事項
　① 事業者内部における報告および被害の拡大防止
　② 事実関係の調査および原因の究明
　③ 影響範囲の特定
　④ 再発防止策の検討および実施
■個人情報保護法に基づく義務
　⑤ 個情委への報告および本人への通知
■望ましい措置（任意）
　⑥ 事実関係および再発防止策等の公表

3　2022年4月1日より前は、「個人データの漏えい等の事案が発生した場合等の対応について」（平成29年個人情報保護委員会告示第1号）に基づく努力義務とされていた。

2　個情委への報告および本人への通知の要否

　個人データの漏えい等が発生した場合，必ず報告しなければならないわけではなく，個人の権利利益を害するおそれが大きいものとして特別に定められた事態（以下「報告対象事態」という）が生じたときに報告義務が課される。具体的には**図表1-2**のとおりである（個人情報保護法26条，同法施行規則7条）。

【図表1-2】報告対象事態

> ①　要配慮個人情報が含まれる個人データ（※1）の漏えい等
> ②　不正に利用されることにより財産的被害が生じるおそれがある個人データの漏えい等
> 　例：クレジットカード番号の漏えい等
> ③　不正の目的をもって行われたおそれのある個人データの漏えい等
> 　例：サイバー攻撃による漏えい等，従業員による情報持ち出しによる漏えい等
> ④　本人の数が1,000人を超える個人データの漏えい等
> ⑤　①から④のおそれ（※2）が生じた場合
> （※1）高度な暗号化その他の個人の権利利益を保護するために必要な措置を講じた場合は該当しない（②から④について同じ）。
> （※2）「おそれ」とは，個情法GL（通則編）によれば，「その時点で判明している事実関係からして，漏えい等が疑われるものの漏えい等が生じた確証がない場合」とされ，個別の事案ごとに蓋然性を考慮して判断するものとされている。

　冒頭の事例においては，ダイレクトメール送付リストに1,500人分の個人データが含まれているため，上記④を満たしており，個情委への報告および本人への通知が義務付けられる。

3　個情委への報告手続・本人への通知手続

(1)　個情委への報告手続（個人情報保護法26条１項，同法施行規則８条，個情法GL（通則編）３-５-３）

　報告は速報と確報の２段階で行う必要がある。まず，速報として，報告対象事態を知った後，速やかに（３から５日以内が目安），後記４　図表１-３記載の９個の事項のうち，その時点で把握している内容について報告を行ったうえで，確報として，報告対象事態を知った日から30日以内（上記２　図表１-２③やそのおそれがある場合は60日以内）に報告を行う必要がある（個人情報保護法施行規則８条）。

　確報の時点では，後記４　図表１-３記載の９個の事項の全てを報告しなければならないが，合理的努力を尽くしたうえで，一部の事項が判明していない場合は，判明次第，後日追完することとされている（個情法GL（通則編）３-５-３-４）。

　なお，これらの期限の起算点は，法人の場合，いずれかの部署が報告対象事態を知った時点を基準としている。経営層の認識を基準としているわけではないことに注意が必要である。

(2)　本人への通知手続（個人情報保護法26条２項，同法施行規則10条，個情法GL（通則編）３-５-４）

　本人への通知については，「当該事態の状況に応じて速やかに」行うものとされている（個人情報保護法施行規則10条）。通知の期限は特段定められていないが，個別の事案において，その時点で把握している事態の内容，通知を行うことで本人の権利利益が保護される蓋然性，本人への通知を行うことで生じる弊害等を勘案して判断することとされている。

　たとえば，漏えい等のおそれが生じたものの，事案がほとんど判明しておらず，その時点で本人に通知したとしても，本人がその権利利益を保護するための措置を講じられる見込みがなく，かえって混乱が生じるおそれがある場合は，

その時点で通知を行う必要はないとされている（個情法GL（通則編）3-5-4-2）。

　また，本人への通知の方法は，法令上様式は定められていないが，郵便での文書の送付や電子メールの送信により本人に知らせることが想定されている。しかし，長期間にわたって収集・蓄積してきた個人データが漏えいした場合，本人の住所やメールアドレスなどの連絡先情報が取得時からアップデートされておらず，コンタクトが取れないケースも多い。

　この場合，本人への通知が困難であるとして代替措置を講じることとなるが，代替措置の例として，事案を公表することが考えられる。上記1のとおり，個人データ漏えい等の事実の公表は，義務とはされていないが，本人通知が困難な場合に，その代替措置としての公表が必要となるケースもあり得る（個情法GL（通則編）3-5-4-5）。

⑶　委託の場合の例外（個人情報保護法26条1項ただし書，同法施行規則9条，個情法GL（通則編）3-5-3-5）

　個人データの委託先において個人データの漏えい等が発生した場合，委託先は，委託元に対して，後記4　図表1-3記載の9個の事項を通知した際には，個情委への報告や本人への通知の義務が免除される。つまり，個人データの委託関係がある場合，基本的に委託元においてこれらの義務を果たすことが求められている。

　委託先は，報告対象事態を知った後，速やかに（3から5日以内が目安），その時点で把握しているものについて委託元に対して通知を行うこととされている（個人情報保護法施行規則9条）。

4　報告・通知すべき内容について

　個情委への報告および本人への通知に際して必要な報告事項（本人通知事項）をまとめると**図表1-3**のとおりである（個人情報保護法施行規則8条，10

条）。報告事項は，速報，確報いずれにおいても共通しているが，速報については，その時点で把握しているものを報告すれば足りる。

　また，本人への通知については，「本人の権利利益を保護するために必要な範囲において」行えば足りる。たとえば，**図表1-3**②個人データの項目について，甲氏は氏名および住所が漏えい，乙氏は氏名，住所および病歴が漏えいした場合など，人によって漏えいした個人データの項目が異なる場合には，本人に関係する内容のみを通知（甲氏には氏名と住所のみ）すればよい。

【図表1-3】報告事項・本人通知事項

		報告	本人通知
①	概要（漏えい等の発生日，発覚日，発生事案，発見者，規則7条各号該当性，委託元および委託先の有無，事実経過など）	○	○
②	漏えい等した（おそれのある）個人データの項目（住所，電話番号，メールアドレス等）	○	○
③	漏えい等した（おそれのある）個人データについての本人の数	○	
④	原因	○	○
⑤	二次被害またはそのおそれの有無およびその内容	○	○
⑥	本人への対応の実施状況（本人への通知を含む）	○	
⑦	公表の実施状況	○	
⑧	再発防止のための措置	○	
⑨	その他参考となる事項	○	○

5　「漏えい」該当性

　冒頭の事例のような誤送信の場合には，そもそも「漏えい」に該当するかどうかの検討も重要となる。

　漏えいとは，個人データが外部に流出することをいい，誤送信先が社内の者に留まる場合には「漏えい」には該当しない。また，たとえば，誤送信した相手方から，メールに含まれる個人データを閲覧せずに削除した旨の申告を受け

るなどして相手方が当該個人データを閲覧していないことを確認した場合は，漏えいに該当しないと解されている（個情法GL（通則編）3-5-1-1および個情法GL（通則編）に関するパブリックコメント結果（2021年8月2日）・意見番号97，個情法Q&A6-1）。

　冒頭の事例の場合も，誤送信したメールについて直ちに削除を求め，送信先から，閲覧する前に削除した旨の申告を受けることで，そもそも「漏えい」がなかったと解することが可能と考えられるため，初動対応として，誤送信先に直ちに連絡する重要性は高い。

6　高度な暗号化

　漏えい等した個人データに高度な暗号化等の秘匿化がされている場合には，個情委への報告および本人への通知は不要である（個人情報保護法施行規則7条）。これに該当するというためには，漏えい等事案が生じた時点の技術水準に照らして，第三者による閲覧が困難となる暗号化等の技術的措置が講じられるとともに，閲覧を可能とする手段を適切に管理する必要があるとされている（個情法Q&A6-16）。

　冒頭の事例においても，仮に添付ファイルについて，適切な暗号技術で高度なパスワードにより暗号化し，そのパスワードが適切に管理されていれば，高度な暗号化等の秘匿化がされていると言え，個情委への報告および本人への通知は不要と解する余地がある。

7　各種業法に基づく当局への報告

　個人データを漏えい等した組織に適用される業法等によっては，個人データを含むデータの漏えい等の事故が生じた場合に，監督当局への報告等が義務づけられる場合がある。

　たとえば，電気通信事業者の場合には，通信の秘密（個人データを含み得

る）の漏えいその他重大な事故が発生した場合は，電気通信事業法28条および同法施行規則57条に基づき，総務大臣に対して報告しなければならない。

　また，電気通信サービスの提供に支障を及ぼすおそれがある電気通信設備に関する情報の漏えい事故が発生した場合には，都度報告は不要であるが，電気通信事業報告規則7条の3に基づき，毎四半期経過後2カ月以内の報告が必要となる（総務省「電気通信事故に係る電気通信事業法関係法令の適用に関するガイドライン（第5版）」によれば，ここにいう電気通信設備に関する情報には，通信の秘密および個人情報に該当するものは含まないとされている）。

8　プライバシーマーク付与事業者の場合

　個人データの漏えい等が発生した事業者がプライバシーマーク付与事業者である場合には，一般財団法人日本情報経済社会推進協会（JIPDEC）プライバシーマーク推進センター「プライバシーマーク付与に関する規約」（2022年2月28日改定）12条に基づき，可及的速やかに，個人データの漏えい等を含む事故等の発生について，JIPDEC等の関係審査機関に報告しなければならない。

　この規約にいう「事故等」の範囲は，漏えい等に限らず，不正・不適正取得，目的外利用・提供，不正利用等も含まれている点に注意が必要である。

Ⅳ　再発防止策——初動対応の一歩先を見据えて

1　誤送信の再発防止

　多くの組織が再発防止策として掲げる事項の1つとして，メール送信前確認の徹底が挙げられる。電子メール等を送信する前に，メールアドレスが正しいものかどうか（特に，オートコンプリート機能等を通じてメールアドレスの入力を省力化している場合は注意が必要である），BCCとCCを誤っていないか，

誤ったファイルを添付していないかどうかを確認する必要がある。

　また，送信先が大量になる場合や，機密性の高い情報を送信する場合など，一定の要件を満たす場合に，送信前に別の従業員等によるダブルチェックを行うといった確認プロセスを確立しておくことも有効である。たとえば，東京都港区が2021年6月にCCとBCCを誤ってメールアドレスが流出した事案においては，再発防止策として，メール送信にあたって送信先および送信方法を他の職員と確認し合うルールを徹底する旨と，職員に対する個人情報の取扱いに関する研修の実施があげられている[4]。

　その他，電子メールを送信する際に，確認画面が出るソフトウェアを用いて，強制的に送信前確認を行わせるという手段もあり得るが，これを常時義務付けるとなると，送信前確認が形骸化するおそれがある。たとえば，「メール送信」ボタンを押下した後に，改めて誤りがないかどうかという確認ボタンを押下させる場合，その確認ボタンが常時表示されるとなると，機械的に連続してボタンを押すことが常態化し，確認プロセスの意味がなくなる可能性がある。そこで，常時確認を義務付けるのではなく，一定の条件を満たした電子メールの送信を検知した場合にのみ，送信前確認を求めるよう設定する方がより望ましい。

　また，メール送信の際に，送信ボタンを押しても一定時間送信トレイに保留されるという遅延機能を活用することも考えられる。多くの場合，誤送信はすぐに気づくため，送信遅延機能を使用していれば，送信ボタンを押してしまった後も，誤送信に気づけば送信を取り消すことが可能である。たとえば，デジタル庁が2021年11月にBCCとCCを誤ってメールアドレスが流出した事案においては，再発防止策として，送信メールを送信トレイに1分保留し，送信後も一定時間宛先を確認することを可能とするOutlookの設定を庁内に周知することがあげられている[5]。

4　東京都港区「不適切なメール送信による個人情報の流出について」（2021年6月10日）https://www.city.minato.tokyo.jp/houdou/kuse/koho/jimu/20210610jimu.html
5　デジタル庁「メールの宛先の誤りについて」（2021年11月26日）https://cio.go.jp/sites/default/files/uploads/documents/digital/20211126_press_01.pdf

　ただし，電子メールの誤送信は，結局のところヒューマンエラーであり，再発を完全にゼロにすることは困難である。デジタル庁においても，2022年4月1日に，BCCに入れるべきメールアドレスをTO（宛先）に入れてしまった事案が再度発生し，同月6日には，委託先事業者がメールの誤送信を行った事案が発生している。このうち，2022年4月1日の事案では，再発防止策として，メール送信時の宛先設定の確認を徹底することがあげられている[6]が，新たな抜本的な対策を示すものではなく，ヒューマンエラーの再発防止対策の限界を示唆するものともいえよう。

　こうしたヒューマンエラーへの対策としては，人による手動操作自体を最大のリスクと捉えて，自動化により手動操作を減らすこともあり得る。たとえば，BCCの誤りを自動化によって対処するのであれば，一定の条件を満たしたメールの宛先を自動的にBCCに変換することや，BCCを使用する主目的である複数の宛先への一斉同報メールを配信するためのシステムを構築することなどが考えられる。デジタル庁においても，上記2022年4月6日に発生した誤送信事案を受けて，再発防止策として，システム上の対応などを速やかに検討する[7]としている。

2　その他サイバーセキュリティインシデントの再発防止

　近年では，外部からの不正アクセスによる個人データ漏えい等も見逃せない現象である。不審なメールを開いてしまったことによるマルウェア感染などを通じて不正アクセスを受けるケースが多い（標的型メール攻撃）。こちらも人の心の隙をつく攻撃という意味では，誤送信と同じくヒューマンエラーに基づ

6　デジタル庁「メールの宛先誤りについて」（2022年4月1日）
　https://www.digital.go.jp/assets/contents/node/basic_page/field_ref_resources/a9874a8b-c99e-495f-8117-2f342403153b/20220401_press_vaccinecert_report_01.pdf
7　デジタル庁「委託先事業者におけるメールの誤送信について」（2022年4月6日）
　https://www.digital.go.jp/assets/contents/node/basic_page/field_ref_resources/a264aa83-154e-4677-8481-d29dcab34eed/20220406_press_eGov_report_01.pdf

き引き起こされるということができる。

　これに関する再発防止策としては，組織の従業員等が当事者意識を持ちつつ，不審なメールへの対処を学ぶために，標的型メール攻撃に関する訓練を実施することが挙げられる。例えば，日本年金機構に対する不正アクセス事案においては，再発防止策として，標的型メール攻撃に対する訓練や外部講師による情報セキュリティ研修の実施などが挙げられている[8]。

　訓練に際しては，①訓練で不審なメールに引っかかってしまった従業員等を責めないこと，そして，②引っかかった人数や割合などの数字を気にしないことが注意点として挙げられる。標的型メール攻撃訓練における訓練用の疑似不審メールは，巧妙に作ろうと思えばいくらでも巧妙に作ることができるため，作り込み次第で，引っかかる人数や割合は変動する。よって，疑似不審メールに引っかかってしまった従業員がいたとしても，それを責めることに大きな意義はない。むしろ，そのように責めてしまうと，実際のインシデントが発生した場合に，責められることをおそれて報告しないまま放置してしまうというリスクが生じる。

　このような訓練は，不審メールを発見した場合に，社内規程類に従いどこへ連絡すべきかという手順を確認する機会，そして，実際に不審メールに引っかかってしまった場合にどのような対処をすべきか，どこへ連絡すべきかを訓練する機会と捉えた方がよいと考えられる。

8　日本年金機構「不正アクセスによる情報流出事案に関する調査結果報告」（2015年8月20日）29頁参照
　https://www.nenkin.go.jp/oshirase/topics/2016/0104.files/F.pdf

■第2章

キックバック

　第2章では，キックバックをテーマとする。取引先に水増し請求をさせ，水増し分の還流を受けるという典型的なキックバックの事例を題材に，あるべき初動対応と押さえておくべきポイントを紹介する。

事例	X社に，取引先Y社の担当者を名乗る者から匿名の投書があった。そこには「X社の調達部長のAは，Y社の木屋町通り支店長のBと結託して，Y社に対する発注金額を水増ししたうえ，キックバックを受領して北新地で豪遊している」と書かれていた。実際に，X社にはAという調達部長が現在も勤務しており，Y社とは建設工事に関する継続的な取引がある。

初動対応チェックリスト

(1)　最低限の初期的な事実確認
　　①　投書等の信ぴょう性の確認
　　②　被害の規模の把握
　　③　キックバックへの関与が疑われる社外の者を含む関係者の特定
　　④　関係する企業のバックグラウンドチェック
(2)　証拠となる書類やデータの収集（見積書，社内決裁文書，業務上のメール等）
(3)　キックバックを受領した者やキックバックに関与した社外の者に対する法的措置（民事・刑事）の検討
(4)　（被害の規模や関係者等に応じて）公表の要否・会計監査人への連絡の検討

Ⅰ キックバック事案への対応のポイント

キックバックには以下のような3つの特徴がある。

---

① 利欲的な動機に基づく不正行為である
② 背任罪や詐欺罪等の刑法犯に問われる場合がある
③ キックバックに関与した社外の者が存在する

　キックバックはそれが明るみになった場合，懲戒解雇等厳しい処分が下され，場合によっては刑事罰の対象になる。それゆえ，証拠は不正を行った役職員によって徹底的に隠滅され，企業として十分な証拠を得られないことが多い。同じ理由から，明白な証拠を突き付けない限り，不正を行った役職員があっさりと自白することもまずない。
　また，キックバックは，支払いについての決裁権限を持つ者や，調達先の選定や発注金額の決定権限を持つ者によって行われる。表向きは通常の取引であ

【図表2-1】冒頭の事例におけるキックバックスキーム

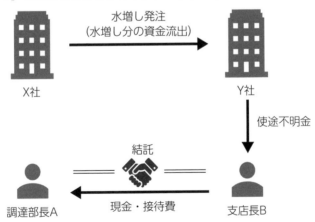

るように見せかけられ，裏で金銭や接待（酒食等）が飛び交うため，周囲に気付かれにくい。キックバックに関与した社外の者も，「共犯者」であるため，そう簡単には企業の味方にはなってくれない。

このように，事案の解明が困難なキックバック事案を，企業が納得する形で調査し解決に導くためのポイントは，キックバックに関与した社外の者の協力を取り付けることを含め，不正を行った役職員が言い逃れできない決定的証拠をいかに収集するかにある。

Ⅱ 初動対応

1　最初に行うべき事実確認

冒頭の事例のようなケースにおいて，最優先で行うべきは，①そもそも匿名の投書に信ぴょう性があるのか否かの確認，（信ぴょう性が認められる場合には）②被害のおおよその規模の把握，③キックバックへの関与が疑われる社外の者を含む関係者の特定，④関係する企業のバックグラウンドチェック（法人の履歴事項全部証明書（法人登記簿）やデータベースによる確認等）である。

キックバック事案では，類型的に，業績がよい者や羽振りがよい者に対する個人的なねたみや逆恨みからくる虚偽通報のおそれがある。したがって，まずは，調査し深掘りすべき事案か否かという最低限の信ぴょう性チェック（冒頭の事例では，AやB，XY社間の取引の実在性等）を行う必要がある。

次に，不正が疑われるAがこれまでに担当したY社との取引を洗い出し，不正が行われた可能性のある取引を絞り込む。これにより，キックバックが行われた可能性のある取引の規模をおおよそ把握することができる。

また，水増し請求の過程で，Aが自分の部下を手足として使っているようなケースもある。したがって，A以外に不正に関与していそうな者がいないかを確認し，不正に関与した者の広がりを把握することも必要である。これと並行

して，取引先の誰が関与している可能性があるのかを見極める必要がある。冒頭の事例のようなケースでは，まず，Y社のBはもちろん，関係書類に登場するY社の役職員をリストアップすることになる。

　これに加えて，法人の履歴事項全部証明書（法人登記簿）やデータベース等を用いてY社のバックグラウンドチェックを行うことで，Y社の経営実態や属性が見えてくることもある。Y社の役員等に関する情報や関係する土地・建物の履歴事項全部証明書（不動産登記簿）から，カネを不正に流す「箱」として用いるペーパーカンパニーの存在が明らかとなることもある。AやBの親族が役員を務める企業の関与が浮かび上がってくることもある。

　なお，Y社に対して全く架空の業務を発注するというのではなく，正規の業務に水増しして発注するケース等では，水増しした金額だけを見れば企業に与える財務的インパクトがそれほど大きくない場合もある。他方，Y社に対して全く架空の業務を発注するケースなど，被害金額が多額に上る場合には，財務諸表や監査意見にも影響が生じ得る。後になって，社内調査が不十分であるなどとして，会計監査人が監査意見を表明しないなどという事態を招かないように，被害金額の規模が大きい場合には，初動対応の段階から会計監査人と連携すべきである。

2　証拠の収集

　キックバック事案では，社内調査を開始したことが不正を行った役職員に悟られると，証拠隠滅や口裏合わせを誘発して，事案の解明が困難となる。したがって，冒頭の事例のようなケースでは，以下の〈証拠の収集リスト〉に掲げる取引に関連する資料・データの所在を把握し，速やかに収集することが必要である。なお，キックバック事案でも，データの収集状況や事案の広がりを踏まえて，デジタルフォレンジック調査が必要となる場合がある。そうした調査により，例えば，水増しにより生まれた「余剰利益」の分け前を計算したExcel表等の決定的な証拠が見つかることもある。

〈証拠の収集リスト〉
① XY社間で交わされた工事費用の見積書，契約書，受発注書，請求書等
② Ｘ社内の稟議書等の社内決裁文書
③ XY社間の入出金データ
④ XY社間でのやり取り（特にＡとＢが含まれるやり取り）に関する書類（メール，議事メモ等）
⑤ Ａのメール，スケジュール（Outlook上の予定表等）やPC・スマートフォン内のデータ

　もっとも，キックバックは密行的に行われるため，こうした企業内に残っている「オモテ」の資料をざっと眺めるだけでAの不正を立証することは容易でない場合も多い。仮に，決定的な証拠がある場合には，早い段階でAに対するヒアリングを実施し，そのような決定的な証拠を突き付け，Aの自白を得られれば，事案の解明が進む場合もある。しかし，Aの不正を裏付ける証拠固めが不十分な状況下でヒアリングを実施しても，Aにしらを切られたうえ，かえって証拠隠滅や口裏合わせを誘発することにもなりかねない。

　したがって，上記リストに掲げた資料を収集し，見積書に不自然な工事や品目が掲げられていないか，数量（工数）や単価が不自然に大きくないかを精査・分析するなどして，Aが言い逃れできない証拠の収集・精査をしたうえで，ヒアリングに臨む必要がある。

　証拠が豊富な場合でも，対象者に手持ちの証拠を最初から全て示すのではなく，小出しにして揺さぶりをかけながら，「どこまでバレているのか」を極力悟られないようにして，できる限り広い範囲での自白を引き出していくのが定石である。

　Aの周囲の人物に簡単なヒアリングを行い，Aの最近の生活状況，すなわち，金銭的なトラブルがないか，生活が急に派手になって羽振りがよくなったというようなことがないか，などを確認することも有用である。

　加えて，キックバック事案では，不正の発覚を免れるべく，やましいやり取

りは個人のメールアドレスやLINE等のメッセージ機能を用いて行われることが多い。そのため，Aの私物の電子機器（PC・スマートフォン）のデータの精査が事案の解明のキーになる。

　しかし，私物の調査には本人の同意が必要であるため，段取りに工夫を要する。なかなか奏功しないことも多いが，任意に提出させる工夫としては，①十分な証拠を握っており隠しても無駄だと本人にわからせること，②社内調査への協力はAにとってもメリットがあること（任意に私物を提出したという事実をAの処分において有利な事情と評価すること等），③やましいことがないのであればAの無実を証明する証拠になると告げて説得をすること，などがあげられる。

　なお，調査開始時点において，役職員が不正を認めている場合，後から翻意することを防ぐため，あらかじめ不正を認める旨の確認書を作成させ，提出させることも検討に値する。

　一方で，Aが実際には不正を行っていない可能性もあることは常に頭の片隅に置いておく必要がある。X社がAは不正を行っているに違いないと決めつけて調査を実施すれば，Aの不信を買い，信頼関係が崩れてしまうことにもなりかねない。そのため，調査に際しては予断を持たず，Aの弁解にフェアに耳を傾けることも重要である。

3　キックバックに関与した社外の者への協力要請

　キックバックに関与した社外の者の協力もキックバック事案の解明に不可欠なピースである。仮にAが協力的であったとしても，Aは自己保身のため，必ずしも真実をありのまま語るとは限らず，Aのみの供述により事実を明らかにすることは難しい。冒頭の事例のようなケースでも，Y社のBが，いざというときのために，水増し前の正規の見積金額が記載された見積書（明細書）やメモ，裏帳簿等を保管していることがあり，そのような場合には，こうした資料やBの供述がキックバック立証の要となる。

　しかし，社外の者に対しては，当然のことながら，業務命令として社内調査への協力を求めることはできない。また，Ｘ社が不用意にＢに接触しようとすれば，ＡＢ間で証拠隠滅や口裏合わせを誘発することにもなる。事実関係が不明な状況でいきなりＹ社と連絡を取り，「おたくの従業員が不正に関わっている可能性がある」などと告げようものなら，取引関係にヒビが入ってしまうおそれもある。したがって，実務上は，ある程度社内で事実関係の調査を行ったうえで，取引関係をてこに，Ｂが所属するＹ社に対し調査への協力を要請し，Ｙ社の協力のもとで，ＢのヒアリングやＹ社の内部書類の提供を受けることになる。こうしたＹ社に対する協力要請においては，「コンプライアンス上の問題が解決しなければ取引を継続できない」という揺るぎない態度を示すことが肝要である。

4　不正行為者への対応

(1)　懲戒処分

　利欲的な動機からキックバックという犯罪にもあたり得る行為をした場合，役員ならば解任，従業員ならば懲戒解雇といった厳格な処分が原則となる。ただし，現実には，事案の解明への積極的な協力や損害の自発的な賠償と引換えに，辞任や辞職を認めることもある。

　一方で，初期的調査の段階で，ただちに不正に関与した役員を解任したり，従業員を懲戒解雇したりすれば，社内調査への協力を得られず，事案の解明が難しくなることが予想される。したがって，不正に関与した役職員に対しては，処分を留保したうえで（従業員については，数週間程度の自宅待機処分とする場合が多い），社内調査への協力を求めることとなる。

(2)　損害賠償請求

　冒頭の事例のようなケースでは，水増し請求によりＸ社に損害が生じており，Ｘ社として，ＡやＢ，Ｙ社に対し，不法行為に基づく損害賠償請求や不当利得

返還請求を行うことを検討することになる。

　冒頭の事例のようなケースで，実際にＡらが水増し発注を行いキックバックを受領していた場合，Ａらが長年にわたって同種の不正を行って，損害が多額に上っていること，しかも不法に得た金銭の大半を使い切ってしまっていることも往々にしてある。また，Ａらに十分な資産・収入がなければ，Ｘ社として，十分な被害回復は望めない。

　そこで，企業が把握しているＡらの自宅の土地・建物の履歴事項全部証明書（不動産登記簿）を取得してその不動産の路線価を調査したり，その他の財産状況（株式，ローン等）をできる限り調査したりすることにより，Ａらの資力（回収可能性）を把握しておく必要がある。そのうえで，Ａらの資力に応じ，弁護士会照会等を利用した資産調査や，仮差押え等の民事保全手続の実行等，公的機関等を利用した対応も検討すべきである。

(3)　刑事告訴

　冒頭の事例のようなケースにおいては，背任罪（役職員としての任務に背く行為）や詐欺罪（企業から水増し分をだまし取る行為）が成立する可能性がある。

　冒頭の事例のようなケースでは，どの取引でいくらの水増しがなされているのかを，見積書等の記載のみから特定することは困難であるし，個人の預金口座等を通じたＡに対するキックバックの実態を企業が掴むことは難しい。したがって，まずは，事案の解明を捜査当局に委ねる観点から刑事告訴を検討する必要がある。

　加えて，刑事告訴は，不正・不祥事事案を許さないという企業の姿勢，自浄作用が働いていることを内外に示し，企業の社会的責任を果たしたり，今後のガバナンス体制の再構築に繋げたりするうえでも有用である。

　なお，刑事告訴をする場合には，下記Ⅲ2の公訴時効にも気を配る必要がある。

5　公表の要否

　キックバックは企業が組織的に行う不正・不祥事事案ではないこともあり，筆者らの経験上，上場企業であっても外部に公表するケースは少ない。

　他方で，役員が関与しているなど事案が重大な場合には公表に踏み切る場合もある。また，逮捕・起訴等の刑事手続によって，否応なく公表されてしまうこともある。報道がされれば，取材や記者会見等への対応を求められるため，将来公表すべきかどうかは，事案の重大性やダメージコントロールの観点を踏まえて，調査の初動対応の段階から検討すべきである。

Ⅲ　関係法令等

1　成立し得る犯罪

　冒頭の事例のようなケースでは，Ａらに，背任罪（Ａが役員等の場合には特別背任罪）や詐欺罪が成立し得る。また，キックバック事案では業務上横領罪が成立することもある。どの犯罪により刑事訴追されるかは検察官の裁量に委ねられていることから，調査の初動対応においては，成立し得る犯罪を幅広く意識しながら，証拠収集等を進める必要がある。参考として，各罪の条文を引用する。

詐欺罪（刑法246条）

Ⅰ　人を欺いて財物を交付させた者は，10年以下の懲役[1]に処する。
Ⅱ　前項の方法により，財産上不法の利益を得，又は他人にこれを得させた者も，同項と同様とする。

背任罪（刑法247条）

他人のためにその事務を処理する者が，自己若しくは第三者の利益を図りまたは本人に損害を加える目的で，その任務に背く行為をし，本人に財産上の損害を加えたときは，5年以下の懲役又は50万円以下の罰金に処する。

業務上横領罪（刑法253条）

業務上自己の占有する他人の物を横領した者は，10年以下の懲役に処する。

取締役等の特別背任罪（会社法960条1項）

次に掲げる者が，自己若しくは第三者の利益を図り又は株式会社に損害を加える目的で，その任務に背く行為をし，当該株式会社に財産上の損害を加えたときは，10年以下の懲役若しくは1000万円以下の罰金に処し，又はこれを併科する。
① 発起人
② 設立時取締役又は設立時監査役
③ 取締役，会計参与，監査役又は執行役
④ 民事保全法56条に規定する仮処分命令により選任された取締役，監査役又は執行役の職務を代行する者
⑤ 会社法346条2項，351条2項又は401条3項（403条3項及び420条3項において準用する場合を含む。）の規定により選任された一時取締役（監査等委員会設置会社にあっては，監査等委員である取締役又はそれ以外の取締役），会計参与，監査役，代表取締役，委員（指名委員会，監査委員会又は報酬委員会の委員をいう。），執行役又は代表執行役の職務を行うべき者
⑥ 支配人

1　2022年6月13日，「刑法等の一部を改正する法律案」が可決成立し，現行法上の「懲役」と「禁錮」（前者は刑務作業が義務付けられるのに対し，後者は義務付けられない）はいずれも廃止され，「拘禁刑」（「拘禁刑に処せられた者には，改善更生を図るため，必要な作業を行わせ，又は必要な指導を行うことができる。」と規定される）に一本化された。同改正刑法は，公布の日（2022年6月17日）から起算して3年を超えない範囲内において政令で定める日に施行される。以下の章において同じ。

⑦　事業に関するある種類又は特定の事項の委任を受けた使用人
⑧　検査役

2　刑事告訴

　詐欺罪，業務上横領罪および特別背任罪の公訴時効は7年（刑法246条，同法253条，会社法960条1項，刑訴法250条2項4号），背任罪の公訴時効は5年である（刑法247条，刑訴法250条2項5号）。

　詐欺罪，業務上横領罪および（特別）背任罪は，犯行が長期間にわたり発覚しないことも多く，過去の犯罪行為について，すでに公訴時効が完成している場合もあり得る。また，公訴時効は公訴の提起（起訴）によってはじめて停止し（刑訴法254条1項），告訴の受理のみによっては停止しない。したがって，刑事告訴を検討する場合には，告訴（被害申告）から起訴までには少なくとも数カ月以上の時間を要することをも念頭に，公訴時効が切迫・完成していないかについても確認しておく必要がある。

　捜査機関に告訴を行う時点で公訴時効が切迫している場合には，捜査機関において告訴の受理に消極的な姿勢を示すことも往々にしてあり，また，結局公訴時効完成までに十分な証拠を収集できず，起訴に至らないということもあり得る。公訴時効が切迫している場合は，可能な限り早めに捜査機関に相談し，公訴時効が迫っていることをアピールし，なるべく早く捜査を開始してもらえるように要請することが重要である。参考として，公訴時効の条文を引用する。

公訴時効（刑訴法250条）

Ⅰ　時効は，人を死亡させた罪であつて禁錮以上の刑に当たるもの（死刑に当たるものを除く。）については，次に掲げる期間を経過することによつて完成する。
①　無期の懲役又は禁錮に当たる罪については30年
②　長期20年の懲役又は禁錮に当たる罪については20年

> ③ 前二号に掲げる罪以外の罪については10年
> Ⅱ 時効は，人を死亡させた罪であつて禁錮以上の刑に当たるもの以外の罪については，次に掲げる期間を経過することによつて完成する。
> ① 死刑に当たる罪については25年
> ② 無期の懲役又は禁錮に当たる罪については15年
> ③ 長期15年以上の懲役又は禁錮に当たる罪については10年
> ④ 長期15年未満の懲役又は禁錮に当たる罪については7年
> ⑤ 長期10年未満の懲役又は禁錮に当たる罪については5年
> ⑥ 長期5年未満の懲役若しくは禁錮又は罰金に当たる罪については3年
> ⑦ 拘留又は科料に当たる罪については1年

Ⅳ 再発防止策——初動対応の一歩先を見据えて

　冒頭で述べたとおり，キックバック事案は，社外の者による協力が必要不可欠であるという特徴がある。そのため，キックバック事案の発生を防ぐためには，社内の役職員に対する監視はもちろん，キックバックに協力するような取引先をいかにして排除するかが肝となる。

　以下，社内に目を向けた再発防止策，社外（取引先）に目を向けた再発防止策の例を紹介したい。

1 各役職員の役割の見直し

　特定の役職員に権限が集中してしまうと，その役職員の担当業務について周囲の監視が行き届かず，不正に手を染めやすい環境が醸成される。これを防ぐには，各役職員の役割・権限を見直して，相互に監視・監督できる体制を整えること（複数の目による牽制関係を利用すること）が肝要である。

　このような観点からの再発防止策の実例として，スバル興業株式会社の事案

とそこで提言された再発防止策の例を紹介したい。

【事案の概要】

・スバル興業株式会社の100％子会社であり，土木工事等を主業務とする株式会社協立道路サービスにおいて，社長が，自らの立場を利用して，同社を私物化していたことで発生したキックバック事案である。

・具体的には，社長が下請事業者の代表者に依頼して，下請代金を水増し請求させたうえで，その水増し分についてキックバックを受領していた。

・社長1人が全て決定および実行可能な「社長案件」について，ほかの従業員が関知し得ず，牽制機能が無効化していた。

【再発防止策の例】

・「『社長案件』における，顧客に対する請求内容の適切性や，外注事業者からの請求内容の適切性を検証することができない状態となっていた」ことから，「一連の業務プロセスに複数の人間が関与する体制を構築して，牽制機能の強化を図るべきであり，それによって，社長を含め，特定の役職員の権限濫用による不正行為を防止できる体制を整えるべきである」と提言した（2019年4月11日付スバル興業株式会社特別調査委員会作成の調査報告書（株式会社協立道路サービスにおける不正行為に関して）30頁）。

2　取引先に対する監視・監督

　企業によって程度の差こそあれ，取引先のモニタリングや取引の実在性の確認は，広く一般的に行われている。しかし，不正・不祥事事案の原因として，これらの確認が杜撰であることが指摘されるケースは後を絶たない。いかに慎重な対応を取ったとしても，取引先は「他社」であり，事前に調べ尽くせるわけではないからである。

　このような限界はありつつも，取引先に関する措置として，取引開始時における確認や既存の取引先との契約条件の見直しをより厳格に実施して，コンプライアンス上問題のある取引先とは取引をしないという姿勢を強く打ち出すことが重要である。契約時における措置だけでなく，その後のフォローアップも

重要であり，取引先に対する教育・監査等を通じて，定期的・継続的な監視・監督を実施することが肝要である。

　このような観点からの再発防止策の実例として，株式会社アイ・テックの事案とそこで提言された再発防止策の例を紹介したい。

【事案の概要】
・鋼材の販売・加工事業，鉄骨工事請負事業を営む株式会社アイ・テックにおいて，役員および従業員が取引先に対して外注費を過剰に支払い，キックバックを受けていた事案である。
・具体的には，役員らが結託し，取引先（鉄骨工事請負の現場施工業者）を利用して，工事費用を過剰に請求させ，取引先が支払を受けた工事費用からキックバックを支払わせていた。
・なお，支社長による必要書類の確認・承認および本社の担当者による工事原価の実在性チェック等が行われていたが，鉄骨工事請負業務の原価の相当性について踏み込んだ検証を行うことはできていなかった。

【再発防止策の例】
（取引の真正・妥当性の確認）
・「工事原価のリスク管理を実効的に行うためには，鉄骨工事の現場で実際に業務を行い，鉄骨工事請負業務の専門的知識を有する現場代理人による工事内容・工事原価のチェックを行わせることが有効であり，当面の間は可能な限り全件チェックすることが望ましい」と提言した（2022年1月18日付株式会社アイ・テック第三者調査委員会作成の調査報告書38頁）。
（取引先に対する監視・監督）
・「下請業者に対してもコンプライアンス教育を行うこと，定期的な監査を実施し，コンプライアンス遵守状況を確認すること等の施策が考えられる」と提言した（同41頁）。
・「下請業者との請負契約において，外注費の水増しおよびキックバック等の不正行為に関与しない旨の誓約条項，不正行為を行っていないことの表明保証条項および誓約違反があった場合の無催告解除条項等を追加するか，あるいは，同内容を含めた誓約書を取得することを検討すべきである」と提言した（同41頁）。

第3章

品質データ偽装

第3章では，品質データ偽装をテーマとし，その典型例である試験データの改ざんを題材に，あるべき初動対応と押さえておくべき法令を解説する。

事例	X社社長宛てに，同社の関西工場の主力製品である留め具の強度について，顧客と合意した仕様を満たしていないにもかかわらず，品質保証部の了解のもとで，強度試験の結果を書き換えて顧客に出荷しているという内容の投書があった。

初動対応チェックリスト

(1) 即時出荷停止の検討
(2) 初期的調査による事案の広がりの把握
(3) 証拠の収集
(4) 顧客対応（顧客への報告・説明の要否，内容の検討）
(5) 当局対応（監督当局への報告義務の有無の確認，自主報告の要否の検討）
(6) 公表の要否・適否の検討

I 品質データ偽装事案への対応のポイント

　品質データ偽装は，製品に要求される仕様を満たさないことを認識しつつ，製品を取引先に納入し，または消費者に販売するという不正であり，工場や研究所といった「現場」が舞台となる。技術的専門性が「隠れ蓑」になり，本社から目が届きにくい現場で行われるため，マネジメント層やコンプライアンス部門に気づかれないまま長期間にわたり繰り返され，従業員からの通報，取引先からのクレーム，監督官庁による立入検査，外部報道により，ようやく発覚するというケースが少なくない。

　また，品質データ偽装には，①国や業界団体の定める基準を満たさない場合と，②顧客と合意した仕様を満たさない場合とがあり，そのいずれかにより，最終的に製品交換まで必要となるかについての判断に影響を及ぼす可能性がある。さらに，製品の用途や性質によっては，人の生命・身体に重大な影響を及ぼす問題に発展しかねない。モノづくりの根幹をないがしろにした不正であるため，必然的に社会的批判も大きくなる。品質データ偽装への対応は，こうした特徴を押さえたうえで行う必要がある。

II 初動対応

1　即時出荷停止の検討

　問題行為発覚の時点で行為が継続中の場合，ただちに偽装行為を止めさせ，製品の出荷停止を検討する必要がある。仮に，問題行為認識後も製品の出荷を継続すれば，被害拡大を招くばかりか，企業が不正を容認したと社会から受け止められ，深刻な批判を招く。

2　初期的調査による事案の広がりの把握

　初期的調査において何よりも重要なことは，なるべく早い段階で，「事案の
広がり」を把握することである。

　品質データ偽装の原因については，仕様・規格に合致する製品を製造できる
技術力・工程能力の不足，売上至上主義や顧客からのプレッシャーを背景とし
た出荷への圧力，品質データ偽装を容認する現場の雰囲気等の要素が複合的に
絡み合っている場合が多い。そして，品質保証部等が品質データ偽装を容認す
る背景には，そもそも顧客と合意した仕様が用途等に照らし過剰で，オーバー
スペックであるがゆえに，品質保証部等の役職員の間に，仕様を多少満たさな
くても製品の基本的性能には影響がないとの意識が広がっていることが考えら
れる。

　こうした原因や背景は，偽装が発覚した部署以外の他の部署にも当てはまる
場合もあり，その場合には他の部署でも偽装が蔓延している可能性がある。そ
こで，冒頭の事例では，①品質データ偽装が行われていたのは留め具だけか，
関西工場が製造する他の製品でも同様の不正が行われていないか，②品質保証
部のなかだけで行われていたのか，他の部署も不正に関わっていたのか，③同
工場以外で同種製品が製造されている場合には，他の工場でも同様の不正が行
われていないかなどの点を確認する必要がある。

　このように，事案の大まかな全体像をつかむことは，その後の対応方針を固
めるうえできわめて重要である。また，社内調査がある程度進んだ後で，五月
雨式に新たな不正が次々と発覚する事態を避けることにもつながる。

　もっとも，初期的調査において，X社やその子会社等の全製造拠点・全製品
について不正の可能性を探ることは非効率である。冒頭の事例では，以下の流
れで初期的調査を進めることが考えられる。

　まず，品質データ偽装が発覚した留め具の製造・試験部門，品質管理・保証
部門等の担当者へのヒアリングを実施し，投書の内容の真偽を確認する。その
結果，偽装の事実が判明した場合には，

① どのような項目で書換えが行われていたか
② 書換えはどのような態様で行われていたか（虚偽データのシステムへの入力か手書きによる測定結果等の改ざんか）
③ いつから偽装が行われていたか
④ 不正に関与していたのはどの部署のどの範囲の者か
⑤ 偽装により，製品の品質・安全性にどのような影響が生じるのか
⑥ 不正を行っていた目的・理由

等の事実関係をさらに聴取する。

そのうえで，留め具を扱っている部署が扱っている他の製品や，工場の工程能力等との関係から，仕様・規格を満たすことが難しく，不正のリスクが相対的に高いと考えられる他の製品（たとえば，他の工場で製造されている留め具と類似する製品）に調査の手を広げていくという，いわゆるリスクベース・アプローチが有用である。その際，調査対象期間の範囲が問題となるが，初期的調査の段階では，まず過去数年内に出荷されたものを対象とし，顧客との交渉状況を踏まえて，調査対象期間を広げることが考えられる。

以上のとおり，「事案の広がり」の早期把握に最も有用な手段は，担当者のヒアリングである。ヒアリングでは，上記①から⑥のほか，以下の事項も聴取すべきである。

⑦ 製品を納入している取引先，その業態
⑧ 製品の納入期間・数量
⑨ 製品の最終用途，エンドユーザー
⑩ 製品そのものや最終製品が国外に輸出されているか否か

3 証拠資料の収集・保全

「事案の広がり」を大まかに把握した後，本格的な社内調査を開始すること

となるが，その前提として，品質データ偽装の事実を裏づける証拠の収集が必要である。冒頭の事例で，偽装を裏づける核となる証拠は，以下のリストに掲げた①から⑦の資料のうち，①試験における実際の測定値の生データと，②測定値等が書き換えられた虚偽のデータであり，まずこれらがわかる資料を収集する必要がある。

　生データについては，試験結果の入力等がシステム化されている場合，システムに保存されたデータを抽出することになるが，試験を実施した担当者による手書きの記録や，他部署への連絡文書，社内決裁文書の添付資料等の紙媒体に記録される場合も多い。

　加えて，以下のリストの③から⑥も重要である。とりわけ，顧客との間で取り決めた製品の仕様が分かる書類（③）は，初期段階でキーになることが多い。過去に同様の問題が生じていないかという観点から，内部監査や内部通報の履歴（⑥）を追うことも肝要である。

　さらには，これらの証拠については，廃棄・消去等がなされないように，早急に保全をしておくことも必要である。

〈収集すべき資料のリスト〉
① 生データ（実際の測定値等のデータ）
② 測定値等が書き換えられた虚偽のデータ（検査成績書，試験記録等のデータ）
③ 製品に関する基本契約書（覚書等を含む），仕様書，発注書，請書，納品書等
④ 検査項目の指示書，作業指示書，業務マニュアル類等
⑤ 関係部署の組織図・職務分掌，関係部署の人員の変遷（ラインの変遷を含む），シフト表，工場や研究所の図面等
⑥ 過去の内部監査報告書，関連する過去のコンプライアンス違反・内部通報事例等
⑦ 業務上のメール，スケジューラーおよび共有フォルダ上のデータ

4　顧客対応

　初期的調査の結果，品質データ偽装の事実が間違いないと判断した場合，顧客（製品の納入先）への報告・説明が必要となる。

　顧客対応において重要なことは，その時点で判明しているファクトを正確に伝えることである。初期的調査の段階では事案の広がりの全貌や不正の原因等が不明な場合が多いが，推測による不正確な情報を告げることは避けるべきである。直接の取引先ではなく，エンドユーザーに説明をしなければならない場面では，顧客に同行を求め，報告・説明に協力してもらう必要もある。

　また，品質データ偽装の事案では，顧客の不信を買うことを恐れ，顧客への報告を避けたり，問題を矮小化して報告してしまったりする場合がある。また，明確な根拠もなく，製品の品質や安全性に問題はないなどという断定的な評価を伝えてしまう場合もある。こうした対応は，それ自体が別個の不祥事となりかねず，注意を必要する。

5　当局対応

　品質データ偽装の事案では，監督当局への報告が義務づけられる場合がある。たとえば，消費生活用製品安全法は，「重大製品事故」[1]が発生した場合，事故発生を知った日から10日以内（知った日を含む）に事故の内容等を消費者庁長官に報告しなければならないと定めている（同法35条1項，2項，消費生活用製品安全法の規定に基づく重大事故報告等に関する内閣府令3条）。そのような場合

1　消費生活用製品安全法は，主として一般消費者の生活の用に供される製品（「消費生活用製品」と定義される）の使用に伴い生じた事故のうち，①一般消費者の生命または身体に対する危害が発生した事故，②消費生活用製品が滅失し，またはき損した事故であって，一般消費者の生命または身体に対する危害が発生するおそれのある事故のいずれかに該当するものであって，消費生活用製品の欠陥によって生じたものでないことが明らかな事故以外のもの（政令で定めるものを除く）を「製品事故」と定義し，このうち，発生し，またはそのおそれがある危害が重大であるものとして，その危害の内容または事故の態様に関し政令で定める要件に該当するものを「重大製品事故」と定義している（同法2条）。

でなくても，監督当局との信頼関係を維持しつつ，社内調査を円滑に進めるためには，初期的調査の実施後，速やかに一報を入れることが望ましい場合もある。

6　公表の要否・適否の検討

　上場企業においては，取引先等からの損害賠償請求やリコール対応等により多額の損害が発生すると見込まれる場合，金融商品取引法や証券取引所の規則に基づき，臨時報告書の提出や適時開示が必要となる場合がある。

　また，品質データ偽装により，優良誤認表示等（景品表示法5条）を行った事業者は，行政処分として不正行為の公示等が命じられる場合もある（同法7条）。さらに，リコールが求められる場合（薬機法68条の9，69条の3，70条，消費生活用製品安全法38条，39条，道路運送車両法63条の2，63条の3等）には，適切なリコールを行う前提として，不正行為の公表が必要になる場合もある。

　法令上公表が義務付けられている場合でなくとも，企業の自主的な判断として，品質データ偽装を公表するか検討すべきである。その際に最も重視すべきポイントは，以下の3点である。

　①　人の生命・身体への影響

　　　医薬品や食品が典型であるが，安全性に関わる部品等でも問題となり得る。

　②　被害の拡大

　　　製品が広く流通しており，使用が継続されることでさらに被害が拡大するような場合には，品質データ偽装の事実を公表し，使用の停止を呼びかける必要がある。

　③　法令違反か契約違反か

　　　法令により定められた仕様に関し品質データ偽装がなされた場合には，単なる契約違反の場合に比べ，社会的影響が大きいことから，公表の必要性が高まる。

Ⅲ 関係法令等

　品質データ偽装に関係する法令として特に重要なのは，不正競争防止法である。

　不正競争防止法は，商品の取引に用いる書類（顧客に提出する検査成績書や試験記録等も含まれる）等にその商品の品質，内容，製造方法等について誤認させるような表示をし，またはその表示をした商品を譲渡等する行為（以下「誤認惹起行為」という）等を「不正競争」と定義し（同法 2 条 1 項20号），「不正の目的」をもって行う誤認惹起行為および「虚偽の表示」による誤認惹起行為を刑事罰の対象としている。

　法定刑は，5 年以下の懲役もしくは500万円以下の罰金またはこれらの併科（不正競争防止法21条 2 項 1 号，5 号）である。両罰規定により，法人も刑事罰の対象となる（3 億円以下の罰金。同法22条 1 項 3 号）。

　また，顧客から要求された品質・規格を満たしているかのように装って製品を出荷する行為は民法上の債務不履行責任（民法415条）や不法行為責任（民法709条），製造物責任（製造物責任法 3 条）といった民事責任を負う可能性がある。刑事責任との関係では，詐欺罪（刑法246条）のほか，後述する製品に関連する行政法規に違反した罪に問われる可能性もある。

　加えて，製品に関連する行政法規（建築基準法，食品表示法，道路運送車両法，薬機法等）に基づく許認可等の取消し，業務停止命令，是正措置命令，課徴金納付命令等の行政処分の対象となる可能性がある。たとえば，建築基準法10条 3 項は，行政庁が，建築物の構造等が著しく保安上危険であり，または著しく衛生上有害であると認める場合，その建築物等の所有者等に対して，その建築物の除却等の保安上または衛生上必要な措置をとることを命ずることができる旨を定めている。

　さらに，品質データが偽装された製品自体またはその製品が部品・材料として用いられた最終製品が日本国外に輸出されている場合には，外国法令の適用

を受け，刑事罰・行政罰の対象となる可能性もあり，注意を要する。

　そのほか，製造している製品が，JIS規格[2]やISO規格[3]の認証を受けている場合には，認証を取り消される可能性もある。認証団体からは是正処置等の対応を求められる可能性があり，これらに適切に対応する必要がある。

　特にJIS規格に関しては，法人の従業員等が認証を受けずにJISマークの表示を行った場合，あるいは主務大臣によるJISマークの表示の除去・抹消または販売停止の命令に違反した場合，その根拠法である産業標準化法に基づき従業員等に刑事罰が科されることに加え，法人に対して1億円以下の罰金が科される可能性がある（産業標準化法34条，36条，78条1号，2号，法人につき同法81条1号）ため，特に慎重な対応が必要である。

Ⅳ ｜ 再発防止策──初動対応の一歩先を見据えて

　多くの品質データ偽装事案において，①仕様・規格に合致する製品を製造できる技術力・工程能力の不足，②不正を行いやすい環境，③仕様や規格を軽視する風潮の蔓延が不正の原因として指摘されている。以下，これらの原因を踏まえた再発防止策の実例を紹介したい。

2　正式名称は日本産業規格（Japanese Industrial Standards）といい，産業標準化法に基づき制定される国家規格の一種である。同法は，旧工業標準化法の改正に伴い，2019年7月1日に改称されたものである。本文で紹介している法人に対する罰金刑が1億円に引き上げられたのもこの改正においてであり，同改正は品質データ偽装のためにJISマーク認証が取り消された事案が続発したことがきっかけとなっている。
3　国際標準化機構（International Organization for Standardization）が定める国際規格を指す。同規格は，製品の規格のみならず，組織の品質活動や環境活動を管理するためのマネジメントシステム自体も規格化の対象としており，たとえば品質管理との関係ではISO9001が品質マネジメントシステムの規格を定めている。

1　自社の技術力・工程能力の把握と顧客とのコミュニケーション

　前記Ⅱ2のとおり，過去，数多くの品質データ偽装事案において，顧客から要求された仕様・規格に合致する製品を製造できる技術力・工程能力が不足しているにもかかわらず，売上至上主義や顧客からのプレッシャーを背景とした出荷への圧力に屈し，自社の技術力・工程能力を超える仕様・規格（時には，そもそも顧客と合意した仕様が用途等に照らし過剰で，オーバースペックであることもある）での製造を受注したことが，不正の原因としてあげられている。

　このような事態を防ぐためには，自社の工程能力や技術力を客観的に把握するとともに，顧客との間で適時適切にコミュニケーションを図ることが必要不可欠である。このような観点から調査委員会が提言した再発防止策の実例として，宇部興産株式会社（以下「宇部興産」という）および株式会社寺岡製作所（以下「寺岡製作所」という）の事案を紹介したい。

【事案の概要】
（宇部興産）
・大手化学メーカーである宇部興産が，同社の千葉石油化学工場で製造されるポリエチレン製品等の化学製品について，顧客仕様に基づき実施が要求される複数の試験の結果をねつ造，改ざんしたり，顧客仕様に定められた試験方法とは異なる試験方法を適用したり，顧客仕様とは異なる原産地の原料を混入したりした。
（寺岡製作所）
・粘着テープの総合メーカーである寺岡製作所が，同社の複数の拠点で製造される工業製品用の片面・両面粘着テープ製品について，試験結果を書き換えたり，顧客仕様を満たさない製品を顧客の了解を得ずに出荷したり，検査の合格基準自体を改ざんしたりした。
【再発防止策の例】
（工程能力の把握・的確な受注判断の体制構築——寺岡製作所）
・量産時の正確な工程能力指数を，製造部門のみならず開発部門，技術部門，品質保証部門，営業部門といった各部門が共有・分析のうえ，顧客との受注

　　交渉等に用いて的確な受注判断を行うべきであると提言した（2018年6月
　　29日付株式会社寺岡製作所品質問題調査委員会作成の調査報告書36頁）。
（受注および顧客対応における品質保証の意識の徹底──宇部興産）
・納期の遵守よりも品質保証が優先されるべきことを社内の共通認識として徹
　底するだけでなく，顧客との間でも認識を共通にするべきであると提言した
　（2018年6月5日付宇部興産株式会社調査委員会作成の調査報告書130頁）。
・顧客の要求水準が実施困難な程度に高い場合には，顧客との間で，品質保証
　を優先した対応を取ることについて理解を求められる関係を構築すべきであ
　ると提言した（同130頁）。

2　品質管理体制の強化

　前記Ⅰのとおり，品質データ偽装事案は，工場や研究所といった「現場」を
舞台として行われるという特徴がある。製品に要求される技術的専門性が「隠
れ蓑」になり，本社から目が届きにくい現場で行われるため，マネジメント層
やコンプライアンス部門からのコントロールを受けにくい状況で不正が行われ
る。また，試験結果等を管理するシステムが，試験結果のデータを容易に書き
換えることができるようなものであったとの指摘を受けた例も多い。

　このような，不正を行いやすい環境を改善するためには，マネジメント層や
コンプライアンス部門が，製造現場の状況を把握できるようにするための組織
改革や，試験結果の書換え等が不可能な品質管理システムの設計を行うなどの
品質管理体制の強化が必要不可欠である。

　このような観点から，調査委員会が提言した再発防止策の実例として，前掲
の宇部興産および寺岡製作所の事案を紹介したい。

【再発防止策の例】
（経営幹部の現場における諸問題の掌握──寺岡製作所）
・経営陣に対し，不祥事は常に起こりうるものだという危機感を持ち，不測の

事態や重大インシデントを把握するため，適切なレポートラインを構築，周
知徹底のうえ，確実に運用されるような体制をとることを提言した（2018年
6月29日付株式会社寺岡製作所品質問題調査委員会作成の調査報告書41から
42頁）。

・経営陣が現場との対話のなかでその意見を真摯に聞き，報告された事項につ
いては誠実に対応を行うという姿勢を見せることを提言した（同41頁）。

（検査記録管理システムの改善──宇部興産）

・検査記録管理システムにおける試験結果の取込みや試験成績表の反映等につ
いて，人が介在する機会を最小化すべく，可能な限り自動化する等，試験結
果のねつ造または改ざんが物理的に不可能なシステムへの移行を推進するこ
とを提言した（2018年6月5日付宇部興産株式会社調査委員会作成の調査報
告書130頁）。

・自動化が困難で手入力を介在させざるを得ない試験においては，試験結果を
複数名でチェックする体制を採用するとともに，試験過程および試験結果を
写真撮影して証拠化するなどの試験方法の再構築を図ることを提言した（同
130頁）。

3　役職員の意識改革の推進

　過去の品質データ偽装事案においては，自社の技術力・工程能力を超える仕
様・規格の製品を受注する中で，品質管理部門の役職員の間に，仕様を多少満
たさなくても製品の基本的性能には影響がないとの意識が徐々に形成され，売
上至上主義や品質管理部門の閉鎖性とあいまって，仕様・規格を軽視する風潮
が蔓延していたことが，不正の発生・継続の一因としてあげられている例も多
い。

　このような仕様・規格軽視の態度を改善するためには，担当者に対する教育
や品質管理体制の改革を通じ，役職員の意識改革を推し進めることが必要不可
欠である。

　このような観点から，調査委員会が提言した再発防止策の実例として，前掲

の宇部興産及び寺岡製作所の事案を再度紹介したい。

【再発防止策の例】

（品質保証及びコンプライアンスの重要性に対する従業員の意識改革──宇部興産）

・品質保証の意義および重要性ならびに関係法令や顧客との間の契約等を遵守することの意義および重要性について定期的に研修を行う等して，品質保証教育・コンプライアンス教育を充実させ，品質保証およびコンプライアンスの重要性に対する従業員の意識改革を徹底的に行うことを提言した（2018年6月5日付宇部興産株式会社調査委員会作成の調査報告書125頁）。

（人事ローテーションの確保──宇部興産）

・他部門との人事ローテーションを可能な限り行うことに加え，品質保証部門内の人事ローテーションも可能な限り行うことで，悪しき習慣を根付かせない土壌を形成することを提言した（同128頁）。

（全社的なコミュニケーションの確立──寺岡製作所）

・水平型・垂直型コミュニケーションを必要十分にとることができる体制の構築と，その前提として，気軽にかつ積極的に上長や他部署の人員に連絡できる社内文化を醸成することを提言した。具体的には，何らかの不祥事を発見した場合に，上長や他部署のみならず経営陣まで意見を伝え，不祥事を完全に解決するまで積極的に改善意見を発信し続けられるような健全かつ風通しの良い社内コミュニケーションの確立を目指すことを提言した（2018年6月29日付株式会社寺岡製作所品質問題調査委員会作成の調査報告書42頁）。

■第4章

反社会的勢力との取引

第4章では，反社会的勢力との取引をテーマとする。反社会的勢力との取引の疑いが生じたという事例を題材に，あるべき初動対応と押さえておくべきポイントを解説する。

事例	冷凍食品の製造・販売業を営むＸ社（東証プライム上場）の取引先であるＹ社は，主要株主が暴力団幹部の親族であり，いわゆる暴力団のフロント企業であるとのインターネット記事を発見した。Ｘ社は，自社の人気商品「ナニワのお好み焼き」の材料をＹ社から調達している。

初動対応チェックリスト

(1) 反社会的勢力と疑われる取引先に関する情報の収集
  ① 代表者や役員の確認（商業登記）
  ② 本店所在地や営業店の確認（不動産登記，現地調査）
  ③ 株主に関する情報収集（有価証券報告書，企業データベース等）
  ④ 関係先（関係会社，仕入先・販売先）に関する情報収集
(2) 反社会的勢力と疑われる取引先との取引状況の確認
(3) 契約内容の確認（契約期間や暴力団排除条項の有無）

(4)　警察・暴追センターへの照会
(5)　取引解消等の措置の検討

I　反社会的勢力との取引事案への対応のポイント

　企業が反社会的勢力と取引を行っているとの疑いが生じた時点で，取引先が反社会的勢力であると断定できるケースは多くない。したがって，そのような不確定要素の多い状況下で，反社会的勢力との関係遮断に向けた適切な対応をとらなければならないという点が反社会的勢力との取引への対応におけるポイントとなる。

　取引先が反社会的勢力であることを知りながら取引を行うことは，各都道府県の暴力団排除条例に違反するおそれがある。そして，そもそも企業のレピュテーション上も，採り得ない選択肢である。また，反社会的勢力との関係を遮断することの重要性は，日本経済団体連合会（経団連）の「企業行動憲章」にも記載されており，多くの企業の倫理規程やコンプライアンスマニュアルにも盛り込まれている。

　反社会的勢力は，その正体を隠して企業に接近する。このため，反社会的勢力と知らずに取引関係を持ってしまうケースも残念ながらある。しかし，それ自体がただちに不正・不祥事事案となるわけではない。企業が，取引先が反社会的勢力であると気付いた後，逃げずに適切な対応をとることができるか否かが，不正・不祥事事案になるか否かの分かれ目となる。

　また，上記の通り，「反社会的勢力と取引関係を持ってしまったかもしれない」との疑いが生じた時点で，その取引の相手方が反社会的勢力であると断定できる場合はさほど多くない。そして，そのような「疑い」だけで契約を解除すれば，取引先から債務不履行責任を問われるリスクがある。このため，関係遮断の措置を講ずる際は，こうした民事リスクも同時にケアをしなければなら

ない。しかし，反社会的勢力の認定は難しく，現実には一定の合理的な調査結果をもとに経営判断せねばならない場合も多い。

　したがって，「反社会的勢力かもしれない」という疑いが生じた場合に，どのような調査を実施し，どのような対応をとるべきかを理解しておくことが重要である。

Ⅱ 初動対応

1　反社会的勢力と疑われる取引先に関する情報の収集

　そもそも「反社会的勢力」とは何か？　それは，暴力，威力と詐欺的手法を駆使して経済的利益を追求する集団または個人をいう。暴力団がその典型であるが，ほかにも，暴力団関係企業や総会屋，社会運動・政治活動標ぼうゴロ，特殊知能暴力集団等といった属性の者も「反社会的勢力」とされる。また，一定の行為（暴力的な要求行為，法的な責任を超えた不当な要求など）を行う者も「反社会的勢力」とされる。

　もちろん，反社会的勢力のいずれに分類されるかによって，初動対応が大きく異なるわけではない。以下では，典型的なケースとして，冒頭の事例のような，取引先が「暴力団関係者」と疑われる場合を念頭に解説を行いたい。

　事例のような報道により，取引先が暴力団関係者であるとの疑いをもった場合，その真偽を判断するため，取引先に関する情報を社内外から収集する必要がある。

　取引先が法人である場合，①代表者や役員については，法人の履歴事項全部証明書（商業登記簿）で確認することが可能である。また，②法人の本店所在地や営業店に関して，商業登記簿や不動産登記を確認のうえ，現地調査によって状況を確認することも考えられる。

　他方で，③株主については，取引先が非上場会社の場合には公表情報が乏し

いことが大半である。④株主以外の関係先（関係会社，仕入先・販売先）の調査についても言えることであるが，非公表の情報については，取引開始にあたって取引先から株主に関する情報の開示を受けていないか，契約上取引先から報告を受けられる内容となっているか，取引先ウェブサイトに掲載されている情報がないか，企業で利用している企業情報のデータベースに掲載されている情報がないかを確認することが考えられる。事例のような報道があった場合には，取引先に対して株主名簿の提供を要請することも選択肢の1つである。

　次に，収集した取引先に関する情報を材料に，取引先が暴力団関係者であると疑われる事情がないか調査を行うことになる。新聞・雑誌記事などのデータベースを利用して関連記事の調査を行うことが考えられるが，近時では，インターネットの検索エンジンによる情報収集も欠かせない。

2　反社会的勢力と疑われる取引先との取引状況の確認

　上記の取引先に関する情報収集と並行して，報道がなされた取引先との取引関係を把握する必要がある。

　具体的には，①企業のデータベースから直近数年間の取引内容および前提となる契約関係書類を洗い出していくことになる。

　また，取引先が暴力団関係者と判断される場合，取引関係の解消を検討することになる。このため，先回りして，②取引先としての重要性や代替先の有無を確認することも大切であろう。

　さらに，③より具体的な取引状況，たとえば，納品や支払いの遅れ，取引先からのクレームなどの状況を押さえておくことも，具体的な対応を検討する上で有用である。

　その他，今後締結予定の契約や取引がある場合には，検討の状況や契約締結までのスケジュールも含め確認を行っておく必要がある。

3　契約内容の検討（契約期間や暴力団排除条項の有無）

　取引先との取引状況を確認した結果，現在，継続している契約がある場合，契約内容を確認し，取引関係を解消する場合のスケジュールを検討する必要がある。

　まず，契約期間の定めの有無を確認し，取引先との契約がいつまで存続するかの確認を行う。契約期間の定めがなければ，催告の後，一定期間の経過をもって契約を終了することが可能である。

　他方で，契約期間の定めがある場合には，契約期間の満了をもって取引を終了することが考えられるが，この場合，契約更新に関する規定についても確認しておく必要がある。更新期限までに契約終了の意思表示がないと契約が自動更新される場合には，更新期限に留意して，対応スケジュールを策定する必要がある。また，長期の契約であったり，契約更新直後であるなど，契約満了まで時間があるときは契約期間中に解除することも視野に入れる必要がある。契約を解除するための理由（解除事由）としては，代金の不払いや納入の遅延といった一般的な債務不履行の事実のほか，暴力団排除条項への違反が考えられる。

　一般に，暴力団排除条項とは，①暴力団関係者を含む反社会的勢力でないことの表明確約と，②表明確約に違反をした場合に催告なく解除できる権利を定める規定である。事業者は，各都道府県の暴力団排除条例において，暴力団排除条項を導入する努力義務を課されているため，近年では，契約上暴力団排除条項を規定することが一般的となっている。

　もっとも，同条例が整備された2010年頃以前から取引関係があり，基本契約が自動で更新されているような場合には，暴力団排除条項が追加されていない場合も多く，注意を要する。

4 警察・暴追センターへの照会

　警察や暴追センターのサポートを仰ぐことも重要な選択肢である。暴追センターは，都道府県ごとに設けられており，個人や企業が，暴力団排除活動に取り組むことを支援する公益財団法人である。

　企業自身による調査を経ても，取引先に関して暴力団関係者であることの疑いを持ったものの，確証までは得られない場合もある。こうした場合，取引先の関係者のうち，暴力団関係者であると疑われる者の氏名・生年月日・住所がわかる資料や，取引先との契約関係資料，契約相手が暴力団関係者の疑いがあると判断した理由などを準備のうえ，警察または暴追センターに照会を行うことにより，これらの者が暴力団員や，暴力団員と密接な関係を有する者であるかについて，情報の提供を受けることができる。

5 取引解消等の措置の実施

(1) 取引先が暴力団関係者であった場合

　上記の取引先に関する調査や警察等への照会の結果，取引先またはその関係者が暴力団関係者であると判断した場合，取引解消に向けた具体的なアクションを検討することになる。

　契約解除の意思表示は，意思表示を行った時点および内容を記録に残すために，内容証明郵便により行うことが適切である。

　取引先への解除通知の発出後には，取引先からの反発が予想される。来訪，電話または文書など，さまざまな方法でのコンタクトが考えられるが，対応部署は一本化し，他の部署へコンタクトがあった場合には対応せず対応部署を案内することを社内で周知しておくのがよい。取引先が，解除の有効性について争うことも想定し，遅くとも契約解除の意思表示を発出する時点からは，対応を弁護士に委任することも検討すべきであろう。

　また，契約の解除などの暴力団排除の取組みにより，暴力団から危害を受け

るおそれがある場合には，警察官による警戒活動などの保護措置を受けることもできる（たとえば，東京都暴力団排除条例14条）。特に，暴力団排除条項を理由に解除する場合には，速やかに保護措置を講じてもらえるよう，取引先への通知の発出に先立って，警察と対応を協議しておくのがよいだろう。

(2) 暴力団関係者であるとの疑いが残る場合

　実務上，取引先またはその関係者が暴力団関係者であるとまではいえないが，疑いが残るといったグレーな状況に悩む企業も多い。

　こうした場合には，疑いやリスクの濃淡に応じて，取引の解消を図るか，取引を継続するかを判断する必要がある。

　暴力団関係者であるとの疑いが濃い場合であっても，暴力団関係者であるとの確証が得られていない場合には，暴力団排除条項への違反等を理由に解除することは難しいが，取引先に代金の支払いや商品納入の遅延といったほかの解除事由がある場合には，当該事由による解除を行うことも考えられる。また，取引先において解除事由となるような契約違反がない場合には一方的な解除は難しいが，契約期間中にも取引規模を縮小していくといった方法は考えられるほか，契約を更新せずに契約期間の満了をもって取引関係を終了させることも考えられる。

　暴力団関係者であるとの疑いが濃いとはいえない場合には，当面は取引関係を継続することもあり得るだろう。ただし，事後的に暴力団関係者であったことが判明した場合に備えて，必要な調査を尽くしていたといえるよう，モニタリングの継続は欠かせない。また，取引先と締結している契約に暴力団排除条項が規定されていない場合には，契約の更新時に規定を追加するなどの対応も必要になるだろう。さらに，疑いの残る状況での取引の継続への備えとしては，代替的な取引先の選定，円満な取引終了のための契約期間の管理も検討に値しよう。

Ⅲ │ 関係法令等

1 関連する法令・指針・ガイドライン

　企業と反社会的勢力の関係についてまず押さえておくべきは，関係遮断の取組みの端緒というべき「企業が反社会的勢力による被害を防止するための指針について」（平成19年6月19日犯罪対策閣僚会議幹事会申合せ）である。

　これに加え，各都道府県の暴力団排除条例も重要である。同条例は，事業者に対して，暴力団を含む反社会的勢力への対応に関して，契約へ暴力団排除条項を導入する努力義務を課し，また，暴力団員等への利益供与（暴力団の威力を利用する目的での対価の支払いだけでなく，暴力団の活動を助長することとなるような取引等も含む）を禁止することなどを内容とする。

　暴力団員等への利益供与の禁止に違反した場合，都道府県の公安委員会より，違反行為の防止措置をとるよう勧告処分が行われる可能性があり，繰り返し違反を行うと，公表や命令，罰則が科されるおそれもある。また，公共工事等の入札や地方自治体との調達契約について，排除措置を受けるなどの不利益が生じるおそれがある点にも注意しておく必要がある。

　また，東京証券取引所が定める上場規程では，新規上場申請時に「反社会的勢力との関係がないことを示す確認書」の提出を義務付けている。この確認書では，①役員または役員に準ずる者，②主な株主および主な取引先が反社会的勢力ではないこと，②反社会的勢力が当社グループの経営活動に関与していないこと，③反社会的勢力の維持，運営に協力もしくは関与していないことおよび④意図して反社会的勢力と交流を持っていないこと等を表明することが求められており，上場後も反社会的勢力への対応のための内部統制を整備することが求められる。

　そのほか，金融機関をはじめとする規制業種においては，暴力団排除条例の遵守に加えて，監督官庁が公表するガイドライン等で追加的な対応が求められ

ている。具体的には，契約書に暴力団排除条項を規定することに加えて，取引先が反社会的勢力でないことをデータベースとの照合によって取引開始前に審査することや，契約期間中の定期的なスクリーニング等が求められている。こうした事業者に対し，暴力団排除条例よりも厳格な管理が求められているのは，提供するサービスが，反社会的勢力の活動を助長するために利用されたり，マネー・ローンダリング等に悪用されたりするおそれが高いからである。

2　裁判例

　暴力団排除条項を理由にした反社会的勢力との契約解除について，解除の有効性が争われた裁判例としては，たとえば，**図表4-1**のような事案がある。近年は，上記のとおり，企業取引においても反社会的勢力との関係遮断の取組みが進んできていることから，暴力団関係者としても既存のサービスや取引関係を解消されてしまうと，代替的なサービス提供先や取引先を見つけることが困難となってきている。

　このため，暴力団の活動上，不可欠であったり必要性が高いサービスであったりする場合，訴訟でその有効性が争われることがある。

　各裁判例における争点は事案によってさまざまであるが，暴力団排除条項を理由に契約を解除した場合には，訴訟手続では，取引先が自認しない限りは，暴力団関係者であることについて立証が必要になる。

　このため，取引解消の措置を講じるにあたっては，警察への照会等によりその認定は慎重に行うとともに，訴訟となった場合に取引先が暴力団関係者であることを推認するための間接事実について情報提供を受けるなど，さらなる立証活動の支援が警察から受けられるかについても確認しておく必要がある。

【図表4-1】 反社会的勢力との取引解消が訴訟において争われたケース

- 金融機関による暴力団関係者であることを理由にした預金口座の解約（福岡高判平成28年10月4日金判1504号24頁）
- 暴力団事務所として利用していた建物に関する賃貸借契約の解除（東京地判平成7年10月11日判タ915号158頁）
- 暴力団との密接交際者と締結した建築工事請負契約の錯誤無効（東京地判平成24年12月14日金判1421号48頁）
- 暴力団員等によるホテルの宴会場やゴルフ場といった施設利用の拒否（東京地判平成22年11月4日ウェストロー2010WLJPCA11048002，大阪地判平成23年8月31日金法1958号118頁）

3　行政処分の事例

　過去の行政処分事案としては，銀行グループに対し，貸金業者との提携商品について多数の反社会的勢力との取引が存在することを把握してからも反社会的勢力との取引の防止・解消のための抜本的な対応を行っていなかったことなどを理由に，業務改善命令が発出されたケースがある。本事案を理解するうえでは，こうした処分が行われた背景として，金融機関における反社会的勢力との関係遮断は，ほかの業態と比較しても特に強く要請されていることを理解しておくとよい。

　また，暴力団員のみならず，暴力団との密接交際者であることなどを理由に，公共工事等の入札への排除措置が執られているケースもある。こうした排除措置は公表されると，入札への参加が難しくなるだけでなく，たとえば，金融機関から融資を受けることが難しくなったり，預金口座の解約といった事業の継続に深刻な影響が生じたりする可能性もあるため，注意が必要である。

Ⅳ ｜ 再発防止策──初動対応の一歩先を見据えて

　冒頭でも述べたとおり，反社会的勢力との取引については，反社会的勢力と知らずに取引関係を持ってしまうことがただちに不正・不祥事事案となるわけではなく，取引先が反社会的勢力であると気付いた後，毅然と適切な対応をとることができるかが，不正・不祥事事案になるか否かの分岐点となる。他方で，取引開始後に，取引先が反社会的勢力であることを理由に一方的に取引を解消するためには，暴力団排除条項をはじめとする解除理由に該当することが必要になるし，取引先が反社会的勢力であると断定できない場合には，取引解消のためにとることができる措置はより限定される。こうした観点からは，取引を行うかどうか，自らの裁量で判断できる時点において予防的な措置を講じておくことも重要であるといえる。たとえば，前述の銀行グループに対する行政処分事案では，銀行グループから再発防止策として，図表4-2のような施策が公表されている。

【図表4-2】銀行グループにおける再発防止策の例

①　反社会的勢力であるとの判明した取引先との取引解消
②　契約への暴力団排除条項の導入
③　グループベースでの事前審査態勢の強化
④　事後的に判明した場合の取引解消の措置の迅速化
⑤　反社会的勢力との関係遮断のためのガバナンスの強化
⑥　役職員の反社取引排除に関する意識の向上
⑦　商品・サービスにおける反社取引排除体制の強化
⑧　企業風土の改善
⑨　内部監査機能の充実・強化

　もちろんこうした対応が，金融機関以外の事業者においても一律に求められ

るものではないが，反社会的勢力との取引を防止するために，どのような手法があるかということを理解しておくうえでは，こうした実例は参考になる。

　たとえば，暴力団排除条項の導入は条例では努力義務とされている。しかし，暴力団関係者との取引を予防する観点からはやはり有益な手段であるし，新規契約において契約条項を設けることは大きな負担となるものではないから，契約管理上もチェック項目として設けるなどして，極力，導入しておくことが望ましい。

　他方で，事前審査や契約期間中のスクリーニングを実施するためには，反社会的勢力である，または，反社会的勢力であるとの疑いのある者のデータベースが必要になる。民間で提供されている公刊情報等を収集したデータベースを利用することも考えられるが，各社が営んでいる事業上のリスクとコストのバランスも踏まえた検討が必要であろう。また，金融機関並みの対応は行わないとしても，継続的な取引関係を持つ場合や事業上重要な取引先については，取引先に関する信用調査の一環として，公刊物やウェブサイト等から判明する範囲で調査を行っておくことは検討に値するだろう。

　また，反社会的勢力との取引を防止するうえでは，実際に取引先との取引業務にあたる役職員における「気づき」も重要である。そこでコンプライアンス部門において反社会的勢力との取引防止に関する研修を実施したり，類似の業種で反社会的勢力との付き合いが報道された場合にはそれを役職員に周知したりすることにより，日頃から役職員のリテラシーや感度を高めておくことは有益である。

　また，もし，個々の役職員が暴力団関係者と疑われる者との取引に直面した場合において，悩みを抱え込んでしまったり「見て見ぬふり」をしたりしないようにするためには，社内規程において手続を明確に定めておくことが重要である。また，対応上のルールを定めるにあたっては，経営陣の判断のもとで一元的な対応が図れるよう，対応窓口やレポーティングラインについても明確に設定しておくことが適切である。

■第5章

環境汚染

　第5章では，環境汚染をテーマとし，代表的な類型である土壌汚染を題材に，あるべき初動対応と押さえておくべきポイントを解説する。

事例	X社は，大阪郊外の工場において，ペンキ等の塗料の製造を行っている。工場の従業員が，休憩時間に静かな場所で電話をするため，普段は人の出入りがない工場裏に行ったところ，そこだけ雑草が一本も生えておらず，周辺の植物が立ち枯れしている異常な区画を発見した。

初動対応チェックリスト

(1) 自主的な調査の実施
(2) 事実関係の把握および資料・データの収集
(3) 行政への報告等
(4) 住民への説明
(5) 公表に関する検討

Ⅰ 環境汚染事案への対応のポイント

　環境汚染事案への対応には，環境法令・ガイドラインに関する知識に加えて，化学，物理学，生物学，医学等の専門的な知識を要する。そのため，企業の法務・コンプライアンス担当者としては，専門的な知識と経験を有する現場担当者と連携して理解を深めるとともに，必要に応じて外部専門家への協力を検討する必要がある。

　また，環境汚染は，その影響が広範囲かつ不特定多数の者に及ぶ可能性があり，特に，人に健康被害をもたらした場合，その社会的影響は極めて大きなものとなる。したがって，環境汚染は，周辺住民（近隣の事業者を含め，以下，単に「住民」という）を含めた幅広いステークホルダーの厳しい目に晒されており，現実化した場合に企業が被るレピュテーションダメージは計り知れない。

　さらに，環境に対する配慮は，近年関心が高まっている企業のSDGsの取組みにも直結する問題であり，企業イメージにも大きな影響を及ぼす。

　このように，環境汚染事案については，ひとたび対応を誤れば，企業にとって致命的なダメージとなることに留意しつつ，対応する必要がある。

Ⅱ 初動対応

1 自主的な調査の実施

　環境汚染事案は，都道府県知事または政令で定める市の長による立入検査（大気汚染防止法26条1項，水質汚濁防止法22条1項等）や法令により義務づけられる調査（土壌汚染対策法3〜5条等）により発覚する場合がある。しかし，事例のように，土壌汚染の可能性があるという以上のことがいえない段階では，まず企業において自主的な調査を実施することになる。

　環境汚染事案の調査は，専門的な知見を必要とするため，社内に適切なスペシャリストがいない場合，調査会社，弁護士等の外部の専門家を選定し，これらの専門家の意見を踏まえつつ，調査を開始することになる。事例のケースにおいて，土壌汚染に関する自主的な調査を実施する場合，自主的な指定の申請（土壌汚染対策法14条）を行うため，土壌汚染対策法に基づく指定調査機関に依頼することが一般的である。

　自主的な指定の申請のための調査は，同法3条1項で定められた調査と同等の調査を行う必要があり，そのためには，指定調査機関が調査を行う必要がある。指定調査機関とは，土壌汚染対策法で定める経理的基礎および技術的能力等の基準に適合していることが認められ，環境大臣または都道府県知事から指定された機関をいい，2022年8月1日現在，全国に約700社存在する。

　事例のように土壌汚染が疑われるケースでは，①指定調査機関であるか，②同種の調査，行政対応，住民対応のノウハウや実績が豊富か，といった観点から，外部の専門家を選定することが望ましい。

2　事実関係の把握および資料・データの収集

　環境汚染事案が疑われる場合には，速やかに事実関係を確認する必要がある。具体的には，①環境汚染事案が疑われる事象はいつから発生していたのか，②同事象はどこで発生しているのか，③同事象を誰が発見，把握し，その情報の管理を誰が行っていたのか，④同事象の具体的内容，⑤同事象の原因として，現時点でどういったことが考えられるか，⑥現時点で想定される同事象の影響の範囲，⑦これまでに住民からクレーム等がなかったか，⑧これまでに周辺で異変がなかったか，などといった事実関係について，まずは社内担当者へのヒアリングや現地調査等によって確認する必要がある。

　この際，環境汚染事案においては，問題が長年隠ぺいされた後に発覚することも少なくない。そうした場合には，隠ぺいの当事者に口を割ってもらうことはなかなか難しく，積極的な協力を得るための格別の配慮（社内リニエンシー

の適用など）を検討する必要がある。さらに，ヒアリングをきっかけに情報が拡散することで，無用の風評被害を生み，地域社会に更なる迷惑をかけることを防止するためにも，秘密保持の誓約書等を得るなど保秘を徹底することが重要である。

　また，事実関係の把握のためには，関連する資料・データの収集も必要となる。具体的には，①過去の調査記録，②定期的な検査に関する資料・データ，③環境法令に基づき行政に提出済みの資料，④社内報告資料，⑤定例会の議事録等を収集・整理すべきである。

　事例のようなケースについては，環境省が作成した「土壌汚染対策法に基づく調査及び措置に関するガイドライン（改訂第3版）」において，土壌汚染状況調査の方法が詳細に規定されている。その際，調査の第1段階として，土地の利用履歴の調査（地歴調査）を行うことになることから，そのための情報や資料を収集する必要がある。これらに該当する具体的な情報や資料としては，同ガイドライン「2.3.1-3 土壌汚染状況調査の対象地の土壌汚染のおそれの把握において入手・把握すべき情報の内容」（163頁）や「Appendix-19.資料調査において入手・把握する資料（参考例）」が参考となる。

　なお，これらの確認や情報収集は，指定調査機関による専門的かつ正確な調査に資するうえ，企業による自主的な調査を効率的に進めるためにも，指定調査機関の選定を待たずにできるだけ速やかに開始することが重要である。

3　行政への報告等

　環境汚染事案が疑われる場合，企業は，環境大臣，都道府県知事，政令で定める市の長等の地方自治体の長から，法令に基づき施設の状況等必要な事項につき報告が求められることがある（「報告徴収」と呼ばれる。大気汚染防止法26条1項，水質汚濁防止法22条2項，廃棄物の処理及び清掃に関する法律18条1項等）。この場合，企業は，調査結果を速やかに取りまとめて，地方自治体に報告する必要がある。土壌汚染についていえば，たとえば，①水質汚濁防止法上の特定

施設の使用を廃止する場合，②大規模な土地（3,000㎡以上）の形質を変更する場合，③土壌汚染による健康被害が生ずるおそれがあるとして都道府県知事または政令で定める市の長（以下「都道府県知事等」という）が調査命令を出した場合，企業は，都道府県知事等に対して，調査結果を報告する義務がある（土壌汚染対策法3条1項，4条3項，5条1項）。

これに対して，法令に基づく報告徴収等の調査結果の報告義務がある場合に該当しなければ，企業は，必ずしも自主的な調査結果を都道府県知事等に報告する必要はない。土壌汚染についていえば，前記①②③に該当しない場合，自主的な土壌汚染調査で土壌汚染が判明したとしても，調査結果について，都道府県知事等に対する報告義務が課されているわけではない。

なお，名古屋市の「市民の健康と安全を確保する環境の保全に関する条例」など，条例により自主的な調査の結果の報告を義務づけている自治体もあるため，注意を要する。

もっとも，行政と相談することにより，適切な進め方を協議することができる場合もある。また，環境汚染事案が疑われる状況において，行政への早期の報告を怠ったことそのものを「事実を隠ぺいした」などと評価される場合があ

【図表5-1】

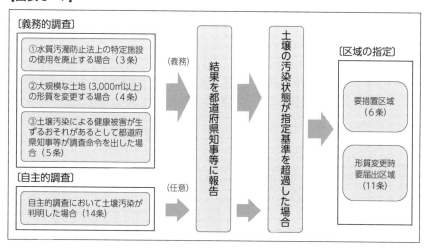

る。したがって，行政への法令上の報告義務の有無にかかわらず，行政への報告・相談の適否は検討事項となる。事例のようなケースにおいても，後記4(3)のとおり，住民への説明が必要となった場合には，住民への説明に至る経緯を説明する必要がある。

そこで，早期に行政への報告・相談を行うことにより，「自治体の指導や助言を受けながら，土壌汚染対策法や条例に準じた方法で対策を実施することとした。」といった説明も可能となる。したがって，行政へ報告・相談することも，住民からの理解も得られやすく，合理的な選択肢の1つといえる。この点，公益財団法人日本環境協会「事業者が行う土壌汚染リスクコミュニケーションのためのガイドライン」(2017年) も参考にされたい。

4　住民への説明

(1)　説明する相手方の範囲

自主的な調査の結果，自社製品の製造過程に起因して環境汚染が生じていることが確認できた場合，住民に対して，その事実を説明する必要がある。どの範囲の住民に対して説明を行うかは，環境汚染の影響をどの程度受ける可能性があるかという観点からのケースバイケースの判断とならざるを得ない。もっとも，説明の対象を限定し過ぎてしまうと，後日，事実を隠ぺいしたと批判されるおそれがある。

逆に，説明の対象を広げ過ぎてしまうと，情報が過度に拡散され，風評被害を引き起こすおそれがある。どの範囲の住民に説明を行うかは，環境汚染の程度・影響についての外部の専門家の意見を踏まえつつ，国や地方自治体の行政機関と相談しながら決定していくことになる。また，地域性等を考慮し，町内会長，自治会長等，地域の中心的な役割を担う関係者ともコミュニケーションをとることも1つの手法である。

事例のようなケースにおいても，工場敷地内の土壌汚染が確認された場合，地方自治体に状況を報告しつつ，汚染された区画に隣接する地域の町内会長等

に状況を説明し，説明の対象を決定していくことが考えられる。

(2) 住民への説明方法

　住民への説明の方法としては，個別訪問による説明，説明文書の配布，住民説明会の開催，ホームページ等のインターネットを通じた情報提供等が考えられる。環境汚染が工場の敷地内などごく限られた範囲にとどまっていたり，汚染の影響のある住戸を明確に特定できるような場合を除き，基本的には住民説明会を開催することとなろう。住民説明会を開催する場合であっても，特殊な事情を抱えた住民や事業者には個別対応が必要であるし，説明会に参加できなかった住民のために文書を配布したりするなど臨機応変の対応をしていくことになる。

　不特定多数の住民に向けて説明するに際しては，企業としての事実認識や対応方針が統一的で揺るがないことが重要になる。したがって，説明資料や想定問答集の内容については，社内で事前に情報の整理を行い，対応方針を決定しておく必要がある。また，それらの内容について，あらかじめ外部専門家にも確認を得ておくことも有効である。

(3) 住民への説明内容

　住民に説明すべき事項は，以下のとおりである。

---

① 環境汚染が発生した場所およびその周辺状況，その場所が過去に遡ってどのような用途に使われていたか
② 環境汚染が判明した経緯や公表に至った経緯
③ 調査結果（調査の時期，方法，主体，内容等）
④ 環境汚染が発生した原因
⑤ 環境汚染の影響（特に健康リスク）
⑥ 環境汚染への対応方法
⑦ 行政（自治体）への対応・協議状況
⑧ 今後の予定，スケジュール
⑨ 対応体制と窓口（問合せ先等）

　事例のような土壌汚染のケースにおいては，住民にとって最大の関心事は，⑤のうち環境汚染による健康への影響等であると予想される。そこで，工場敷地内の土壌汚染の状況だけでなく，敷地外への拡散状況，拡散可能性，それによって生じ得る健康リスクの内容，可能性，リスクの軽減・防止方法等について，詳細かつ丁寧な説明が必要となる。

⑷　住民への補償

　環境汚染に関し，住民から，健康被害，営業損失，精神的苦痛等を理由に，補償を求められたり，補償に関する企業の対応方針について質問されたりすることが多い。環境汚染の原因や損害との因果関係が不明な状況下では，補償の要否について軽々に答えることは困難であり，個別に協議・対応していくことになると考えられる。

　そのように個別に協議・対応する場合であっても，協議の経過や実際に行われた補償の内容に関する情報が，住民の間で共有される可能性が高いことには留意が必要である。そして，個別の住民に対しバラバラの対応を行ってしまうと，住民の間に不公平感が醸成され，環境汚染への対応について協力を得ることが困難となる。たとえば，非常に強硬な姿勢をみせる一部の住民の要求どおりに補償を行えば，それが露見することにより，住民全体の態度が硬化することもあり得る。

　住民に対して個別に補償を行う場合には，こうしたバランスを考えながら，同じ状況に置かれている住民に対し平等な補償を行うことを念頭に，法的評価，企業としての経済合理性とレピュテーションリスクなどを総合的に考え，決定していくことになる。

5　公表に関する検討

　環境汚染事案における公表の要否・適否の判断は一筋縄ではいかない。そもそも，上記のように住民説明会を行えば，自ずとマスメディアにも情報が提供

され，公表されたのと同様の状況になり得る。しかし，住民説明会を行うだけの対応と，わざわざ記者会見を開催するような対応では，同じ「公表」でもその伝播力やインパクトは異なり，どちらが良策かを吟味することになる。

　また，住民が，企業からの説明に先行してメディアから情報を得た場合，企業は事実を隠ぺいしたなどと無用な批判を受けかねない。そのような事態を避けるべく，仮に公表する場合には，ほぼ同時に，住民に対しても丁寧な説明会を開催することを心がけたい。別の検討要素として，行政に相談・報告した結果，住民への説明と公表を促される可能性もある。

　これらに加え，適時開示規制との関係，公表による無用な風評被害の可能性，企業に求められる透明性などを勘案したうえで，公表の要否・適否およびそれらの手法を決定することになる。

Ⅲ　関係法令等

　環境汚染事案が発生した場合，以下の法令が問題となることが多い。

土壌汚染対策法	土壌汚染による人の健康被害を防止するため，土壌汚染を見つけ，公に知らせ，その対応・管理を行う仕組みが定められている法律。
大気汚染防止法	工場や事業場から排出または飛散する大気汚染物質について，排出者等が守るべき基準が定められている法律。
水質汚濁防止法	水質汚濁の防止を図り，生活環境の保全をするため，水質汚濁物質の排出者等が守るべき排水基準等が定められている法律。
廃棄物の処理及び清掃に関する法律	産業廃棄物の排出事業者が守るべき廃棄物の処理に関する規制が定められている法律。

　また，環境汚染に関連するガイドライン・マニュアル等は多数存在するが，本章に関連するガイドライン・マニュアルを以下に掲載する。

- ■環境省 水・大気環境局 土壌環境課「土壌汚染対策法ガイドライン」（2021年）
- ■環境省 水・大気環境局 土壌環境課「土壌汚染対策法の自主申請活用の手引き（改訂版）」（2020年）
- ■公益財団法人 日本環境協会「事業者が行う土壌汚染リスクコミュニケーションのためのガイドライン」（2017年）
- ■環境省 水・大気環境局 土壌環境課「土壌汚染の未然防止等マニュアル」（2014年）
- ■環境省 水・大気環境局 水環境課 閉鎖性海域対策室 地下水・地盤環境室「水質汚濁防止法に基づく立入検査マニュアル策定の手引き」（2006年）
- ■環境管理における公害防止体制の整備の在り方に関する検討会「『公害防止に関する環境管理の在り方』に関する報告書」（2007年）

Ⅳ 再発防止策——初動対応の一歩先を見据えて

　環境汚染事案は，企業の認識不足と管理体制の不備に起因する場合が多い。この点について，環境省および経済産業省が開催した「環境管理における公害防止体制の整備の在り方に関する検討会」は，「『公害防止に関する環境管理の在り方』に関する報告書」（2007年3月15日）を公表している。

　同報告書6頁は，環境汚染事案の発生原因を，「環境管理に対する認識の問題」と「体制・仕組み上の問題」という2つの観点から整理している。そこでは，「環境管理に対する認識の問題」として，経営層や工場における環境管理の重要性の認識の低下や自治体・住民とのコミュニケーション不足が，「体制・仕組み上の問題」として，公害防止に関する環境管理体制の問題，人材教育・育成に関わる問題，公害防止設備の問題が，それぞれ挙げられている。

　そして，これらの発生原因を踏まえた再発防止策として，日本製紙株式会社（以下「日本製紙」という）のばい煙発生施設に関する自主調査の結果と再発

防止策等が公表されている（日本製紙「日本製紙ばい煙発生施設の排出基準超過等に関する報告書」（2007年 8 月14日））。

1　事案の概要

　日本製紙は，2007年 6 月から 7 月にかけて，釧路工場および旭川工場において，ボイラー操業に関連して大気汚染防止法等に関する法令違反が発生していた事実を確認し，行政に報告した。

　日本製紙は，同 2 工場の法令違反の事実を踏まえ，社内に「ばい煙発生施設調査委員会」を設置し，他の10工場も調査を行い，そのうち 4 工場（白老，富士，岩国，八千代工場）にも法令違反があったことを確認した。

　日本製紙は，これらの事実を行政に報告し，本社において記者会見を実施し，「大気法令違反更生委員会」を設置した。2007年 8 月14日，環境省に対し，同委員会による原因調査結果および再発防止策が報告された（以下「日本製紙報告書」という）。

　日本製紙報告書によれば，硫黄酸化物，窒素酸化物に関する排出基準値の超過があったことに加え，コンピューター端末によるデータの書きかえ，チャート紙の切り貼りによるデータ不正が確認された。

2　再発防止策

　日本製紙報告書には， 6 工場のばい煙排出基準超過およびデータ不正に関する調査結果が記載されるとともに，これらの原因と再発防止策がまとめられた。

　ばい煙排出基準超過の原因としては，運転管理手順書の不備・周知不足のほか，データ監視やチェック体制の不備があげられている。データ不正等の原因としては，環境法令の理解不足・誤解，操業優先の意識・風通しの悪い風土，管理体制の不備等があげられている。

　再発防止策としては，運転管理面として，ガイドラインの制定，運転管理手

順書の改定・周知，監視システム・体制の導入・強化がなされている。コンプ
ライアンス面としては，環境法令の理解，コンプライアンス教育の実施，住民
との信頼関係の回復，データ管理とチェック体制の改善等が行われている。日
本製紙報告書においては，末尾に再発防止策の具体的行動計画も掲載されてお
り，運転管理面における再発防止策とコンプライアンス面における再発防止策
を区別し，それぞれの内容と実行計画を詳細に述べる例として参考になる。

■第6章

企業幹部の 私生活上の犯罪

　第6章では，企業幹部の私生活上の犯罪をテーマとする。上場企業の取締役が酒に酔って暴れ逮捕されたという事例を題材に，あるべき初動対応と押さえておくべき法令を紹介する。

事例	複数のメディアは，東京に本社を置く上場企業X社の取締役Aが，前日の深夜，旅行先の京都市内の路上で，酒に酔って，タクシー運転手Bに暴行を加え，けがを負わせるとともに，タクシーのドアを足で蹴って凹ませ，駆け付けた警察官により傷害・器物損壊罪で現行犯逮捕されたと報じた。 　X社は，インターネットでニュースを知るとともに，Aが依頼した京都弁護士会所属の弁護士C（Aの知人）から事件の連絡を受けた。京都府警察某警察署に留置された取締役Aと接見した弁護士Cによれば，Aは，祇園で開かれた宴会の後，ホテルに戻るためタクシーに乗車したことは覚えているが，事件当時，酒に酔っていたため，事件のことは全く覚えていないと供述しているとのことであった。

初動対応チェックリスト
(1)　弁護人とのコンタクト
(2)　弁護人を通じた事実関係の把握
(3)　捜査への対応
①　捜査への協力
②　早期釈放に向けた弁護活動への協力
(4)　マスコミ対応
(5)　役職や人事に関する検討

Ⅰ　企業幹部の私生活上の犯罪事案への対応のポイント

「取締役のＡさんが，傷害事件で逮捕された！！！」

　企業がそのことを最初に知るのは，警察，弁護人，家族からの連絡，はたまた報道を通じてという場合が多いであろう。企業にとってはまさに青天の霹靂となる。

　この種の事案の最大のポイントは，企業が事案の発生に気付いた時には，すでに本人が逮捕・勾留されて身体拘束を受けており，本人とのコミュニケーションが制約され，事実関係の把握が難しいという点にある。警察に事実関係の詳細や本人の供述状況を尋ねたとしても，警察は，捜査上の理由から，これに応じないのが通常である。

　企業は，このように，事実関係の詳細が分からない手探りの状況のもとで，社内外の無用な混乱を防ぎ，事業への影響やレピュテーションダメージを最小限に食い止めるための種々の対応をとらなければならないこととなる。

Ⅱ ┃ 初動対応

1　弁護人とのコンタクト

　前記Ⅰのとおり，この種の事案の最大のポイントは，企業が事案の発生に気付いた時にはすでに刑事手続が進行しているということである。冒頭の事例では，Aがすでに逮捕されており，その後勾留されてしまえば，逮捕の日から最大で23日間，身体拘束されることとなる（後記Ⅲ1参照）。その場合，X社の業務に多大な影響が及ぶ。事業への影響やレピュテーションダメージを最小限に食い止めるためには，Aの早期釈放と不起訴を目指すことが何よりも重要となる。

　しかし，企業の業務から離れたところで事件を犯した幹部の早期釈放や不起訴に向けて，事件の当事者でもない企業が直接警察に働きかけることはできない。冒頭の事例では，Aは，旅行先の京都で事件を起こしており，X社の役職員が京都府警に赴いて，警察官との面談やAとの接見を重ねることは容易でない（しかも，後記2のとおり，逮捕段階では，X社の役職員は，Aと接見することはできない）。よって，事件を犯したとされる企業幹部の早期釈放および不起訴に向けての活動は，その幹部が選任した弁護人（冒頭の事例では弁護士C）に委ねられることとなる。

　上場企業の取締役ともなれば，企業の顧問弁護士など，弁護士の知人がいて，逮捕直後に，その弁護士を弁護人として選任済みというケースも多い。もっとも，顧問弁護士は企業の本社所在地の付近の弁護士であることが多いと考えられるが，冒頭の事例のように犯罪地が遠隔地にあると，現地の弁護士の方が機動的に動けるという場合もある。事件を犯した取締役にたまたま現地の弁護士の知人がいる場合はともかく，そうでない場合には，企業において，顧問弁護士の伝手を頼るなどして，刑事弁護に精通した現地の弁護士を幹部に紹介することを検討する必要がある。

　なお，現地の弁護士による初回の接見は，「弁護人を選任することができる者の依頼により弁護人となろうとする者」（刑訴法39条1項）として行うこととなる。「弁護人を選任することができる者」（弁護人選任権者）は，被疑者本人のほかは，被疑者の配偶者，直系の親族および兄弟姉妹らである（刑訴法30条）。したがって，企業としては，逮捕された幹部の配偶者等と連絡を取り，現地の弁護士に連絡先を伝えることの承諾を得たうえで，現地の弁護士とコンタクトを取ることとなる。そのうえで，現地の弁護士に幹部の配偶者等の連絡先を伝え，幹部の配偶者等に連絡を取ってもらったうえで，「弁護人となろうとする者」として幹部と接見することを依頼することとなる。

2　弁護人を通じた事実関係の把握

　冒頭の事例のように，企業が事件を知った段階では，事件の詳細が分かっていないことが多い。企業としては，事業への影響についてより正確な予測を立てるためにも，事件の内容や幹部の刑事処分の見通しにつき，可能な限り正確な情報を得る必要がある。しかし，本人が身体を拘束されてコミュニケーションが制約されている状況下では，企業が独自に事件の詳細な事実関係を把握することはきわめて困難である。

　逮捕段階（逮捕されてから最長72時間）においては，そもそも弁護人または弁護人となろうとする者以外の者は被疑者と接見することができない。刑訴法209条が同法80条を準用していないことから，実務上そのように解釈・運用されている。

　その後，被疑者が勾留された場合には，後述する接見等禁止処分がなされない限り，企業の役職員も接見が可能となるが，弁護人以外の者の接見の時間は15分程度に制限されるのが通常である。したがって，通常は，企業運営に不可欠な最低限の業務連絡を交わすだけでタイムオーバーとなってしまい，事件の詳細を聞き出す時間的余裕はない。また，裁判官は，勾留の決定をするに際し，被疑者が関係者との通謀や証拠隠滅を図るおそれがあると認めた場合には，検

察官の請求によりまたは職権で，弁護人または弁護人になろうとする者以外の者との接見や書類等の授受を禁止する場合がある（接見等禁止処分という。刑訴法207条1項，81条）。その場合には，勾留段階においても，企業の役職員が被疑者と接見することができなくなる。

　また，前述のとおり，警察に事実関係の詳細や本人の供述状況を尋ねようとしても，警察は，捜査上の理由から，これに応じないのが通常である。

　このように，逮捕・勾留された幹部と十分なコミュニケーションをとることのできない状況下では，企業が独自に得られる情報は限られている。そこで，企業としては，逮捕・勾留された幹部の弁護人と密に連絡を取り，事件の内容や刑事処分の見通し等について，できる限り多くの情報を得ることが必要となる。

　冒頭の事例に即していえば，X社としては，弁護人Cから，最低限以下の情報を得る必要がある。

---

① 　被疑事実の要旨（5W1H。罪名，被害者Bの加療期間，Bが勤務するタクシー会社の名称，損害の具体的内容や金額等を含む）
② 　Aとの接見の状況（接見の日時，事件についてのAの供述の要旨）
③ 　X社の他の役職員の事件への関与の有無（事件当時Aと行動を共にして事件を目撃したり，事件後にAから連絡を受けたりした者がいないかなど）
④ 　釈放時期の見通し（勾留されるのか，勾留期間が延長されるのか，公判請求された場合には保釈の見込みはあるのか），刑事処分の見通し（起訴・不起訴の見通し。起訴される場合，公判請求[1]されるのか，略式起訴[2]されるのか）

1 　検察官が，公開の法廷で行われる正式裁判（公判）での審理を求めて起訴することを「公判請求」という。
2 　検察官の請求により，簡易裁判所の管轄に属する，事案が明白で簡易な，100万円以下の罰金または科料に相当する事件について，被疑者に異議がない場合に，正式裁判によらないで，検察官の提出した書面により審査する裁判手続を「略式裁判」という。そして，検察官が略式裁判での審理を求めて起訴することを「略式起訴」または「略式請求」という。簡易裁判所において，被告人の犯行であることが間違いないと判断すれば，略式命令が発せられ，その後，略式命令を受けた者（被告人）は，罰金または科料を納付して手続を終わらせるか，不服がある場合には，略式命令を受け取ってから，14日以内に正式裁判を申し立てることができる。

　ただし，弁護人Cは，あくまでA個人の権利・利益のために弁護活動を行う必要があり，X社の利益のために弁護活動を行っているわけではない。Aは取締役を解任されることをおそれて，X社には全ての事実を伝えないようCに依頼している可能性もある。したがって，Cから得られる情報を額面どおり受け取ってよいかは慎重に吟味する必要がある。

3　捜査への対応

　捜査への対応には，2つの側面がある。

　第1に，捜査への協力である。企業幹部の私生活上の犯罪であっても，警察（場合によっては検察官）から，企業関係者が，取調べのために出頭を求められたり，資料の提出を求められたりする場合がある。事業への影響やレピュテーションダメージを最小限に食い止めるためにも，企業として，捜査に最大限協力しているという姿勢を示すことは重要である。

　冒頭の事例では，事件前後に取締役Aと行動を共にして事件を目撃したり，事件後にAと連絡を取ったりした企業関係者がいる場合，警察は，ほぼ確実に，これらの者を取り調べ，目撃状況，事件前後のAの言動，当日の飲酒状況，酒癖等について聴取する。その場合，警察は，目撃者等に直接出頭を要請するのではなく，X社を通じて要請する場合も多い。X社としては，それらの者に対し，警察に出頭するよう求めることとなる。また，犯行に至るまでのAの足取り（「前足」と呼ばれる）を明らかにするため，警察から，Aのスケジューラーや飲食した店舗を特定する資料等の提出を求められる場合がある。

　事実関係の把握のため，目撃者等の取調べの事前または事後に，X社において目撃者等のヒアリングを実施することは妨げられないが，その結果をAに伝えたりすることは，Aと目撃者等の通謀がX社を通じてなされたととられかねないので，控えるべきである。

　第2に，逮捕・勾留された企業幹部の早期釈放に向けての弁護活動への協力である。企業幹部の早期釈放に向けての弁護活動としては，主に，以下のもの

が考えられる。

〈捜査段階〉
①　勾留請求前に，検察官に対し，勾留請求をしないように意見を述べること
②　勾留請求後，勾留決定前に，裁判官に対し，勾留決定をしないように意見を述べること
③　勾留決定後に，裁判所に対し，勾留決定に対する準抗告（刑訴法429条1項2号）を申し立てること
④　終局処分[3]前に，勾留満期までに釈放し不起訴処分とするよう，あるいは起訴を免れないとしても略式起訴とするよう意見を述べること
〈公判請求された場合〉
⑤　保釈の請求を行うこと（後記Ⅲ4参照）

　弁護人は，上記の弁護活動にあたり，被疑者が証拠隠滅を図るおそれがないこと，被疑者の身体拘束が長引けば，企業の業務に多大な影響があることなどを疎明する必要がある。そのために，企業に対し，必要な資料の提供や企業関係者の陳述書の作成を求める場合がある。その場合には，これに協力することが望ましい。

4　マスコミ対応

　とりわけ上場企業の幹部が逮捕された場合，マスコミ報道も大きくなる。特に，冒頭の事例のように，現行犯逮捕された場合には，マスコミから企業に対して事前の取材等のないまま報道がなされ，報道の直後から，複数のマスコミから一斉に取材攻勢に遭うことが予想される。

　企業としては，想定されるマスコミからの質問に対する回答を準備しておく必要がある。注意しなければならないのは，事実関係の詳細が分からず，刑事

3　終局処分とは，検察官が事件について必要な捜査を遂げた後に，起訴するか否かを最終的に決める処分をいう。

処分の確定的な見通しが立たない状況下で，幹部が犯罪を行ったと断定して対応すべきではないということである。基本的には，事件の内容に関する質問に対しては，「警察による捜査中であり，弊社からのコメントは差し控える。」などと回答することになる。

5　役職や人事に関する検討

　Aが社長・副社長・専務・常務等の役付取締役や代表取締役である場合，これらの役職を解いたり，代表権を剥奪する必要があるか，また取締役からの辞任を求める必要があるか[4]について検討する必要がある。また，冒頭の事例とは異なるが，Aが従業員である場合には，懲戒等の人事処分の要否を検討する必要がある。X社としては，Aが逮捕されたという事実のみによって処分を決するのではなく，A本人の供述や証拠関係を踏まえて処分を決すべきこととなる。

　また，仮に，Aが，代表権を有する唯一の取締役である場合には，Aが身体を拘束されている間，X社の業務執行が停滞することとなってしまう。そのような場合には，早期に取締役会を開催して，他の取締役に代表権を付与することも検討するべきである。

　Aの身体拘束中においてどのように取締役会を開催するかについては，招集通知がAに到達したと法的にいえるために，どのようにAが招集通知を了知し得る状態にするかを含めて，具体的状況を踏まえて検討する必要があるだろう。

4　取締役の解任は，株主総会決議が必要であるため（会社法339条1項），ただちに実施することはできない。

Ⅲ 関係法令等

1 被疑者の逮捕後の手続

　司法警察員は，被疑者を逮捕（後記2参照）したときは，ただちに犯罪事実の要旨および弁護人を選任することができる旨を告げたうえ，弁解の機会を与え，留置の必要がないと思料するときはただちにこれを釈放し，留置の必要があると思料するときは被疑者が身体を拘束された時から48時間以内に書類および証拠物とともに被疑者を検察官に送致する手続をしなければならない（刑訴法203条1項，211条，216条）。

　検察官は，司法警察員から送致された被疑者を受け取ったときは，弁解の機会を与え，留置の必要がないと思料するときはただちにこれを釈放し，留置の必要があると思料するときは被疑者を受け取ったときから24時間以内（かつ，被疑者が身体を拘束された時から72時間以内）に裁判官に被疑者の勾留（後記3参照）を請求しなければならない（同法205条1項・2項，211条，216条）。

　勾留の請求を受けた裁判官は，勾留質問手続を経て，勾留を決定した場合には速やかに勾留状を発し，勾留の理由がないと認めるときは，勾留状を発しないで，ただちに被疑者の釈放を命じなければならない（同法207条，61条）。勾留の期間は，原則として勾留請求の日から10日間であるが，裁判官は，やむをえない事由があると認めるときは，検察官の請求により，最大10日間延長することができる（同法208条）。

　検察官は，勾留期間満了日までに起訴しない場合には，ただちに被疑者を釈放しなければならない。したがって，逮捕から最大で23日で起訴または釈放（釈放後に不起訴）されることとなる。

　以上が一般的な流れであるが，被疑者に複数の犯罪の嫌疑がある場合，ある被疑事実についての勾留期間が満了しても，起訴または釈放されず，その被疑事実についての処分を保留したうえで，別の被疑事実により逮捕・勾留され

（再逮捕・再勾留などと呼ばれる），その勾留期間満了時に，併せて起訴または釈放（釈放後に不起訴）となることもある。

【図表6-1】逮捕後の手続の流れ

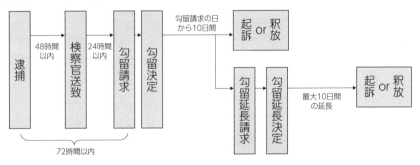

2　逮捕の種類・要件

　逮捕には，以下のとおり，(1)通常逮捕，(2)現行犯逮捕・準現行犯逮捕，(3)緊急逮捕の3種類があり，それぞれの要件は以下のとおりである。

(1)　通常逮捕

　通常逮捕とは，裁判官があらかじめ発する逮捕状により行う逮捕である（刑訴法199条）。その要件は，①逮捕の理由（被疑者が罪を犯したことを疑うに足りる相当な理由）および②逮捕の必要性である[5]。

(2)　現行犯逮捕・準現行犯逮捕

　被疑者が「現行犯人」に該当する場合は，何人でも（すなわち誰でも），逮

5　一定の軽微な犯罪については，①，②に加え，③被疑者が定まった住居を有しない場合または正当な理由がなく検察官，検察事務官または司法警察職員の出頭要求（刑訴法198条1項）に応じない場合に限られる（同法199条1項但書）。

捕状なくして逮捕することができる（刑訴法213条）[6]。

　「現行犯人」とは，現に罪を行い，または現に罪を行い終わった者（同法212条１項）をいう。次のいずれかに該当する者が，罪を行い終わってから間がないと明らかに認められるときは，現行犯人とみなされる（準現行犯。同法212条２項）。

①　犯人として追呼されている（犯人として追われ，または呼びかけられている）とき

②　贓物（他人の財産を侵害する犯罪によって不法に領得された財物）または明らかに犯罪の用に供したと思われる兇器その他の物を所持しているとき

③　身体または被服に犯罪の顕著な証跡があるとき

④　誰何されて（声を掛けられて・呼び止められて）逃走しようとするとき

(3)　緊急逮捕

　検察官，検察事務官または司法警察職員は，①死刑または無期もしくは長期３年以上の懲役もしくは禁錮にあたる罪を犯したことを疑うに足りる充分な理由がある場合で，②急速を要し，裁判官の逮捕状を求めることができないときは，その理由を告げて被疑者を逮捕状なくして逮捕することができる。この場合には，逮捕後ただちに裁判官の逮捕状を求める手続をしなければならない（刑訴法210条１項）。

3　勾留の要件

　裁判官は，**図表6-2**の①～③のいずれの要件も満たす場合，被疑者を勾留することができる（刑訴法207条１項，60条１項）。

6　一定の軽微な犯罪については，犯人の住居もしくは氏名が明らかでない場合または犯人が逃亡するおそれがある場合に限られる（刑訴法217条）。

【図表6-2】勾留の要件

要件①	被疑者が罪を犯したことを疑うに足りる相当な理由があること（「犯罪の嫌疑」）
要件②	次のいずれかに該当すること（「勾留の理由」）[7]
	ⅰ．住居不定
	ⅱ．罪証隠滅のおそれ ＊(i)共犯者がいる場合，(ii)親族，知人，企業の同僚や部下など有利な証言をしてくれそうな目撃者がいる場合，(iii)被害者と面識がある・容易に連絡が取れるなどといった関係にある場合には，罪証隠滅のおそれがあると判断されやすい。
	ⅲ．逃亡のおそれ ＊正業に就いていること（特に冒頭の事例では上場企業の役員・幹部であること）や適切な監督者（身柄引受人）の存在は，逃亡のおそれを否定する要素になり得る。 ＊事案の軽重も考慮される（重大な事案である場合には，重い刑罰が予測されるため，逃亡のおそれが大きいと判断される可能性が高まる）。
要件③	勾留の必要性 ＊冒頭の事例では，取締役Aが身体を拘束されていることにより，X社の事業に重大な影響がある一方で，Aの取調べ以外の捜査を終えているなど，その身体を拘束しなくても捜査上支障がないことは，勾留の必要性を否定する要素となり得る。

4　保釈の種類・要件

　保釈とは，勾留の効力を継続したまま，保釈保証金の納付等を条件として被告人を釈放する制度である。なお，被疑者段階（すなわち起訴前）には保釈制度はない。

　保釈には，以下のとおり，3種類がある。

(1)　権利保釈

　保釈の請求があったときは，次の場合を除いては，保釈を許さなければなら

7　一定の軽微な犯罪については，住居不定の場合に限り，勾留することができる（刑訴法60条3項）。

ない（刑訴法89条）。

① 被告人が死刑または無期もしくは短期1年以上の懲役もしくは禁錮にあたる罪を犯したものであるとき。

② 被告人が前に死刑または無期もしくは長期10年を超える懲役もしくは禁錮にあたる罪につき有罪の宣告を受けたことがあるとき。

③ 被告人が常習として長期3年以上の懲役または禁錮にあたる罪を犯したものであるとき。

④ 被告人が罪証を隠滅すると疑うに足りる相当な理由があるとき。

⑤ 被告人が，被害者その他事件の審判に必要な知識を有すると認められる者もしくはその親族の身体もしくは財産に害を加えまたはこれらの者を畏怖させる行為をすると疑うに足りる相当な理由があるとき。

⑥ 被告人の氏名または住居が分からないとき。

(2)　裁量保釈

裁判所は，保釈された場合に被告人が逃亡しまたは罪証を隠滅するおそれの程度のほか，身体の拘束の継続により被告人が受ける健康上，経済上，社会生活上または防御の準備上の不利益の程度その他の事情を考慮し，適当と認めるときは，職権で保釈を許すことができる（刑訴法90条）。

(3)　義務的保釈

裁判所は，勾留による拘禁が不当に長くなったときは，被告人もしくは弁護人らの請求により，または職権で，勾留を取り消さない限り，保釈を許さなければならない（刑訴法91条1項）。

Ⅳ　再発防止策——初動対応の一歩先を見据えて

企業幹部による私生活上の犯罪として多いのは，道路交通法違反（飲酒運転

等），過失運転致死傷等の交通事犯，傷害・暴行，強制わいせつ，盗撮に代表される迷惑行為防止条例違反等である。これら企業幹部の私生活上の犯罪は，企業活動とは直接関係を有しない個人の属性や私的な動機によって犯されるものであるだけに，企業としてこれを未然に防ぐための方策をとることは難しい。しかし，企業幹部の犯罪は，一般人の犯罪に比べ，センセーショナルに報道され，本人・企業のいずれにも大きなダメージを与える。したがって，企業としては，特に幹部に対しては，私生活上の犯罪が企業にとっても甚大な損害を生むこと（＝「私事（わたくしごと）」では済まされないこと）を常日頃から刷り込み続ける必要がある。

　企業幹部には，優秀な人，人望のある人も多いが，同時に，孤独であり，甘い誘惑も多い。社会的地位や高い収入があるからといって，決して犯罪と無縁ではない。

　冒頭に列記した犯罪類型にも表れているように，筆者らの経験上，企業幹部が犯罪に巻き込まれるきっかけには，「酒」・「異性関係」・「自動車」（飲酒運転やひき逃げ等）が何らかの形で関わっていることが多い。いずれも社会生活に適切に組み込まれる分には何の問題もない。責任ある立場にある者ほど，ストレスや仕事上の焦り（あるいは，虚栄心）によって足を滑らせがちであることについては，定期的なコンプライアンス研修により警鐘を鳴らし続ける必要がある。

■第7章

ハラスメント

　第7章では，ハラスメントをテーマとする。社内でセクハラやパワハラの疑いが生じたという事例を題材に，あるべき初動対応と押さえるべき法令等について解説する。

事例1	X社のハラスメント相談窓口に，ある日，A（女性）から次のような相談が寄せられた。 「残業時に職場の給湯室で部署の先輩とたまたま2人になった際に肩を抱き寄せられ，『好きや。付き合ってくれ。』と言われ，断った。しかし，翌日，『昨日のって何があかんの？ええやん。』 というLINEメッセージが送られてきて，嫌な思いをした。」
事例2	別の日には，B（男性）からX社のハラスメント相談窓口に次のような相談が寄せられた。 「部署の課長以下5名が参加したミーティングで，担当者である自分が作成した発表用資料に地名の誤記があった。課長から，『お前，こないだも泉佐野と泉大津を間違えたやろ。何回言わすねん。アホか。』 ときつい口調で言われた。」

初動対応チェックリスト
(1) 相談窓口での対応
① 相談概要の確認
② 調査の計画
(2) 調査の実施
① 関係者からのヒアリング
② 客観的資料の収集
(3) 暫定的措置の検討
(4) 事実の認定・ハラスメントの評価
① セクハラの留意点
② パワハラの留意点
(5) 調査結果に基づく関係者への対応
① 相談者へのフィードバック
② 被害者・加害者に対する適正な措置の実施

I ハラスメント事案への対応のポイント

	対応のエッセンス
対応のポイント	・法令（指針含む）に沿った対応 ・迅速な対応

　いじめや嫌がらせを意味するハラスメントは，現代において最重要の労働問題の1つである。事実，厚生労働省によれば，民事上の個別労働紛争解決制度において，「いじめ・嫌がらせ」の相談件数は9年連続で首位であり，2020年度では2位（自己都合退職）の約2倍となっている。ハラスメントは，本章で取り上げるセクハラやパワハラ以外にも，マタハラ，ケアハラ，アカハラ，モラハラなど，分類方法によっては数十種に及ぶとも言われており，コロナ禍で

はリモハラ（リモートハラスメント）が問題になった。

　ハラスメント事案への対応のポイントは，法令に沿った対応を行うことである。すなわち，セクハラについては男女雇用機会均等法11条１項，パワハラについては労働施策総合推進法（いわゆるパワハラ防止法）30条の２第１項により，企業にはハラスメントの防止措置が義務付けられており，その具体的な内容は後記Ⅲの各指針（以下「ハラスメント防止指針」と総称する）に詳細に記載されている。

　ハラスメント事案発生後という意味では，ハラスメント防止指針の「職場におけるハラスメントへの事後の迅速かつ適切な対応」「併せて講ずべき措置」の項目が特に参照されるべきであり，より具体的には，その項目を踏まえて企業が自社の実情に合わせて定めている，ハラスメントに関する内部規程に則るべきである。これにより，企業は，ハラスメント事案を一定程度解決できるはずであるし，仮に解決せずとも責任を負うリスクを低減できる。

　また，ほかの類型の不正・不祥事事案とも共通するが，ハラスメント事案では，初動対応に迅速性が強く求められる。

　以下，具体的な初動対応について見ていくが，従業員1,000人以上の企業の大半はハラスメントに関して相談できる窓口を設置しており。また2022年４月以降は中小企業もこのような窓口を設置する法的義務を負うことになったため，今後は相談窓口経由で発覚する事案が益々増えると予想される。そのため，以下の説明も，相談窓口経由で事案が発覚する場合を念頭に置くこととするが，たとえば上司等への相談が契機となって発覚した場合にも応用は可能である。また，ハラスメント事案は，相談者自身が被害者[1]である場合が，ほかの不正・不祥事事案と比べ多いと考えられることから，前記のような事例を設定した。

1　事実認定および評価がされるまで「被害者」「加害者」と呼ぶのは正確ではないが，読みやすさを優先して，これらの用語で統一している。

Ⅱ 初動対応

1 相談窓口での対応

		対応のエッセンス
相談窓口での対応	(1) 相談概要の確認	ア 相談者の情報，相談の内容，開示可能な範囲，相談者の意向 イ 迅速，公平・中立，傾聴への意識 ウ 秘密の厳守，不利益取扱い禁止 エ 理想的な相談の体制等 オ 適切な記録化や情報管理
	(2) 調査の計画	ア 相談者意向の考慮 イ ヒアリングの範囲・順序・時期，調査体制の決定

(1) 相談概要の確認

　ア　相談があった場合，確認を要する主な事項は，①相談者の情報（氏名や立場等），②相談の内容，③上記①②の開示可能範囲，④相談者の意向である。特に③は，相談者が匿名を希望するかも含めて，(2)の調査の計画に大きな影響を与えるため，漏れがないようにしておく必要がある。

　イ　これらの事項を確認する際は，窓口担当者において，①迅速性，②公平性・中立性，③「耳を傾ける姿勢」といった点を意識して対応することを要する。①は，一般的には時間が経過するほど，関係者の記憶が曖昧になり，関連資料等が失われるなどして，正確な事実認定が困難になるし，被害者の肉体的・精神的苦痛の増大や職場環境の悪化，さらには被害者や相談者の企業に対する感情の増悪などのリスクが高まるからである。②は，相談窓口の機能を果たし信頼を高める観点から求められる。③は，「優秀な」窓口担当者ほど注意を要する。事実の解明に意識が行き過ぎて，たとえば相談者に矢継ぎ早の質問

をぶつけるなど，相談者の心情を置き去りにし，かえって精神的なダメージを
与えかねないからである。

　ハラスメントの特性上，相談者は自身が被害者であれば傷つきながらも躊躇
し，被害者でない場合も報復等を怖れて，悩み抜いた結果として相談窓口を
頼ってくることがままあり，まずは相談者に寄り添って話を聴くことが重要で
ある。

　ウ　また，窓口担当者は相談者に対して，①秘密を厳守すること，②不利益
取扱いをしないことを伝えるようにする。①が履践されなければ，二次被害が
発生しかねない。②は法律で禁止されている以上，当然に求められ（男女雇用
機会均等法11条2項，労働施策総合推進法30条の2第2項），窓口担当者自身が改
めて意識するためにはもちろん，相談者に安心してもらうためにも必要である。

　エ　相談の体制や手順等は，企業の内部規程に従うことになる。窓口担当者
のうち個別事案でヒアリングにあたる人数は，2から3名程度が良い。相談者
に無用のプレッシャーを与えないよう多人数は避けるべき反面，不測の事態に
備えるうえでは複数で臨むべきだからである。

　事例1や2のように，典型的な異性間や上司部下間の問題が対象になるので
あれば，男性と女性，役職が異なる者同士など，バランスの取れた組み合わせ
が理想的である。1回あたりの相談時間は，一概には言えないものの，相談者
の負担の観点から，長くなりすぎないよう留意したい（厚労省の「あかるい職
場応援団」のホームページでは，50分以内が推奨されている）。

　オ　相談についてのやりとりは，録音等も活用して正確に記録に残しておく
ことが推奨される。また，この記録は秘匿性がきわめて高いため，情報管理に
は十分な注意を要する。

(2) 調査の計画

　ア　調査計画にあたっては，相談者の意向も考慮すべきである。相談者自身が被害者である場合，この要請はより強い。ハラスメント事案は，職場における個人間のやり取りという側面があるため，感情面に常に注意して解決を図ることが求められる。

　たとえば，相談者は誰しもが徹底調査による真実の解明や正義の実現を希望しているとは限らず，「思い切って相談はしたが大ごとにはしたくない」「仕返しが怖い」などの理由から，これ以上の調査を求めないという意向を持っている可能性がある。また，調査方法（たとえば，ヒアリング先や情報開示の範囲等）について特定の意向を有している場合もある。基本的に，その意向は尊重すべきである。

　もっとも，ハラスメント事案は職場環境の問題という一面を有している。したがって，特に重大な人権侵害が見られる場合や，ほかにも被害者がいると想定される場合，安易に調査を終えることは企業にとって危険であり，相談者の意向に反して調査を進めざるを得ないこともある。しかし，相談者の意向に反して調査を進めるにしても，調査方法を工夫することなどを説明して，できる限り相談者の理解を得る努力をすべきである。

　イ　調査を進めることが決まれば，次に，調査計画を立てることとなる。具体的には，①ヒアリングの範囲，②ヒアリングの順序や時期，③調査体制（社内か社外か）を決めることとなる。①ヒアリングの範囲について，被害者と加害者からのヒアリングは必須である。それ以外の第三者からのヒアリングについては，事実認定に必要である限りで実施し，その際には，保秘の要請に留意しつつ，問題行為を目撃している可能性などに照らして対象者を選別することになろう。事例２であれば，（Ｂと課長以外の）３名はヒアリングの対象者となるのが通常と考えられる。

　②ヒアリングの順序は，まずは被害者になるが，その次を加害者とするか第三者とするかは事案による。ヒアリングの時期は，対象者の記憶が薄れないよ

う，基礎的な資料（たとえば，当事者の人事に関する情報，組織図その他の業務に関する情報）の確認がある程度済んだ後は，できる限り早期に設定するのがよい。

　③調査体制については，社内で対応することもあれば，事案の重大性・難易度・影響，対象者の職位（役員などの場合）等にかんがみ，弁護士に調査を依頼することもある。

2　調査の実施

	対応のエッセンス	
調査の実施	(1)　関係者からのヒアリング	被害者，加害者，第三者
	(2)　客観的資料の収集	収集・保全

　調査は，主にヒアリングと資料収集の2本立てで進めることになる。

(1)　関係者からのヒアリング

　まずは被害者から，詳細な事実関係をヒアリングする。「ハラスメントがあった」という意見や主張ではなく，具体的な事実関係（5W1H）を確認することが必要である。ハラスメントを受けたというのが真実であれば，被害者にとっては当時のことを思い出して話すだけでも精神的苦痛を伴うため，被害者の言葉に丁寧に耳を傾ける姿勢はここでも重要である。

　ハラスメントを行ったとされる加害者からのヒアリングも当然必要である。通常，被害者からのヒアリングより後になされることになるが，予断を持たずに臨むことが必要である。加害者は自身の言動がどのように受け止められるのかについての認識が甘い場合もあり，ハラスメントに関する調査の対象となったこと自体から，調査者，相談者，被害者にあらぬ反感を抱くおそれもある。したがって，何か思いあたることがあっても決して報復等を行ってはならないなどの注意喚起が必須である。

必要に応じて，目撃者等の第三者からのヒアリングも行う。第三者が従業員である限り，少なくとも調査に協力することが労務提供義務を履行するうえで必要かつ合理的であれば，一定の範囲では調査への協力義務を負うことになる[2]。ただ，当事者ではなく情報管理の意識が希薄な可能性があるため，ヒアリングに際しては，相談に関する事実を他言してはならないことを確実に伝えることを要する。

　ヒアリングの結果は，適切に記録化しておくことが肝要である。この際，相互の言い分が一致している箇所・食い違っている箇所が対照できるような工夫をしておくことが望ましい。

(2)　客観的資料の収集

　被害者と加害者の言い分が食い違っている場合，特に重要となるのは，客観的証拠である。ハラスメント事案でも，録音・メール・写真・メモ等が重要な証拠となるケースはままあるため，できる限り収集する。事例1ではLINEメッセージが客観的証拠になる。事例2でも，Bが課長の言動を従前から録音していたなどの事情があれば，録音音声が客観的証拠となる。

　これらの客観的証拠は，後日，ハラスメントの事実を証明する重要な役割を果たす可能性もあるため，相談者に断って保全しておくべきである。

　ただ，ハラスメント事案では，加害者・被害者しかいない密室での言動が問題になるなど，客観的証拠がない場合は少なくない。このような場合，ヒアリング結果を主な判断材料として事実認定を行うことになる。

2　富士重工原水禁事情聴取事件（最小判昭和52年12月13日民集31巻7号1037頁）

3　暫定的措置の検討

	対応のエッセンス
暫定的措置の検討	・被害者と加害者の接触の防止 ・被害者のメンタルケアの実施

　確定的な事実認定や評価に至る前の段階であっても，被害の拡大を防止するため，暫定的な措置を講じなければならないケースがある。被害者の精神的負担が大きく，速やかに保護すべき場合がその典型例であり，放置すると重症化のリスクが高まる。考えられる措置としては，①被害者と加害者の接触の防止，②被害者のメンタルケアの実施である。

　①の具体例としては，加害者の就業場所変更や席替えを実施することや，被害者への接触禁止や自宅待機を加害者に命じることが考えられる。この際，前記1(1)ウのとおり，相談者に対する不利益取扱いが禁止されているため，被害者が相談者であればその不利益になる形でこれらの措置を講じることは避けるべきである。②の具体例としては，被害者に産業医やカウンセラーを受診させ，その結果を踏まえて担当業務の変更や短時間勤務を検討することが考えられる。

4　事実の認定・ハラスメントの評価

	対応のエッセンス	
事実の認定 ハラスメントの評価	(1)　セクハラの留意点	事実認定が主戦場
	(2)　パワハラの留意点	評価が最大の難所

　「業務上合理的な理由のあるセクシュアルハラスメントはあり得ないが，パワーハラスメントと言われる行為のなかには，業務上合理的な理由のあるものがあり得るというところに，パワーハラスメント特有の困難さがある」という意見[3]に見られるように，セクハラとパワハラには異質なところがある。そし

てこの異質さは，事実認定や評価にも，一定の影響を及ぼすことになる。

(1) セクハラの留意点

　セクハラについては，言動の有無および内容の事実認定が主戦場となる。ほかのハラスメントに比べて被害者・加害者しかいない空間で行われることが多く，また両者の言い分が食い違いがちで，客観的証拠が乏しい場合もまま見られ，事実認定が難しい。その反面，仮に事実を認定できれば，性的言動が業務上必要になることはあり得ず，加害者による言い逃れはしづらいからである。

　事例1であれば，当日のやりとりは，Aと先輩へのヒアリング結果しか直接的な証拠がなく，慎重な検討が求められる。その際は，翌日のやりとりの客観的証拠であるLINEメッセージも併せて検討することを要し，特に「昨日の」という文言が何を指すのかを解明することがポイントになりそうである。

　ところで，ハラスメント事案の被害者は，内心では不快感や嫌悪感を抱いても，人間関係が悪化することを懸念して，加害者への抗議や企業への被害申告を行わない場合も多い[4]。また，被害に遭ったことを忘れたいとの一心で，供述が曖昧になってしまうケースもある。そのため，ヒアリング結果の検討にあたっては，こういったハラスメント事案の特徴を十分に理解して，被害者の言動を誤解しないよう注意することが必要である。

　また，セクハラは被害者の「意に反する」性的言動であり，被害者の主観面によって事実認定・評価が左右され得る。ただし，被害者が嫌悪感を抱きさえすればセクハラと評価されるわけではなく，あくまで「平均的な女性（男性）労働者の感じ方」を基準に決することになる。事例1は，事実として認定された場合，平均的な女性の感覚に照らせば，通常はセクハラと評価することになろう。

3　職場のパワーハラスメント防止対策についての検討会報告書（厚生労働省，2018年3月）10頁
4　海遊館事件（最小判平成27年2月26日集民249号109頁）

(2)　パワハラの留意点

　パワハラについては，日常業務のなかで行われることが多く，事例2における（Bと課長以外の）3名のように第三者が見聞きしている場合もあるため，言動の事実認定はセクハラよりは相対的に容易な場合が少なくない。

　最大の難所は，その定義に照らしても，業務上必要かつ相当な範囲を超えた業務指示や指導か否かという評価にある。業務と何ら関係がない特殊な場合を除いて，検討対象となる言動には，加害者なりの言い分・正当化理由があることが通常である。そのため，業務上の必要性や相当性の有無を評価するに際しては，どのレベルまで達していればNGなのか，という微妙な見極めが求められる。

　この見極めは，問題となる言動の目的，業務との関連性，手段（被害者の人格権を侵害するものではないか），具体的な経過や両者の関係等の諸事情を考慮して，客観的に行うことを要する。そのため，厳しい口調による指導であっても，常にパワハラになるとは限らない。ただし，事例2の「アホか」という課長の言動は，少なくとも業務上の必要性は否定されるのが通常であると考えられ，パワハラに該当するか否かにかかわらず不適切なものとして避けるべきである。

5　調査結果に基づく関係者への対応

	対応のエッセンス	
調査結果に基づく関係者への対応	(1)　相談者へのフィードバック	調査結果の説明
	(2)　被害者・加害者に対する適正な措置の実施	ア　被害者に対する適正な配慮 　・加害者との引き離し等 イ　加害者に対する適正な処分 　・懲戒処分，人事上の措置

(1) 相談者へのフィードバック

相談者に対しては，調査結果を説明すべきである。もっとも，調査結果を全て開示する必要はなく，むしろ関係者の保護の観点から，一定の情報を開示しないことは可能かつ適切である。

相談者が調査結果に納得しない場合，不服を述べる可能性はある。しかし，企業としては，関係者の言い分や客観的資料に基づき，公平・中立の観点から事実認定・評価を行えば足りる。逆に，相談者への過度な肩入れや調査期間の必要以上の延長は慎むべきである。

(2) 被害者・加害者に対する適正な措置の実施

ア 被害者に対する適正な配慮

被害者に対しては，加害者を引き離すための配置転換，加害者の謝罪，労働条件上の不利益の回復，メンタルヘルス不調への相談対応といった措置を，個別の事案に即して実施することになる。

イ 加害者に対する適正な処分

加害者に対しては，調査結果に基づき，懲戒処分や人事上の措置を行うことになる。なお，特にパワハラにおいては，加害者が「仕事がデキる」（その反面周囲に厳しすぎる）人物であるというケースもまま見られ，その能力を今後も生かしつつ適切にどう対応すべきかを慎重に検討する必要がある。

ハラスメントは，それがただちに民法上の不法行為となるわけではないため，懲戒処分は妥当な範囲で行わなければ新たな火種を抱えることになる。当事者の配置換えも検討すべきであり，この場合は前記1(1)ウおよび3のとおり，不利益取扱い禁止の観点から加害者を対象とすることが原則である。ただし，セクハラと比較して，パワハラはミスコミュニケーションに起因する場合も多い。そのため，注意により改善する可能性もあり，配置換えによる当事者の引き離しが最良の選択なのかは一考の余地がある。

懲戒処分の結果を社内公表することは，ほかの従業員に規律の遵守を示すも

のであり，後記Ⅳの再発防止策としても有効に機能する場合がある。しかし，特にセクハラについては，社内公表そのものが二次被害を招きかねないため，可否については被害者の意向を重視すべきである。また，ハラスメントはどのような事案であっても，生々しい事実を含んでいるため，関係者のプライバシーに配慮した措置（匿名化等）は必須である。

Ⅲ 関係法令等

前記Ⅰのとおり，事例に直接関連して企業が必ず理解し遵守する必要があるのは，セクハラやパワハラについて企業が雇用管理上講ずべき措置を定めた以下の法律である。そして，これらの法律を受けて，セクハラについてはセクハラ防止指針が，パワハラについてはパワハラ防止指針が，それぞれ定められている。

また，妊娠・出産・育児・介護についても類似の法律や指針が存在する（男女雇用機会均等法11条の3第1項および第2項，育児・介護休業法25条1項および2項，事業主が職場における妊娠，出産等に関する言動に起因する問題に関して雇用管理上講ずべき措置等についての指針（平28年厚生労働省告示第312号））。

■セクハラに関する法律

男女雇用機会均等法11条（職場における性的な言動に起因する問題に関する雇用管理上の措置等）

Ⅰ　事業主は，職場において行われる性的な言動に対するその雇用する労働者の対応により当該労働者がその労働条件につき不利益を受け，又は当該性的な言動により当該労働者の就業環境が害されることのないよう，当該労働者からの相談に応じ，適切に対応するために必要な体制の整備その他の雇用管理上必要な措置を講じなければならない。

Ⅱ　事業主は，労働者が前項の相談を行つたこと又は事業主による当該相談へ

の対応に協力した際に事実を述べたことを理由として，当該労働者に対して
解雇その他不利益な取扱いをしてはならない。

■パワハラに関する法律

労働施策総合推進法30条の2（雇用管理上の措置等）
Ⅰ　事業主は，職場において行われる優越的な関係を背景とした言動であって，
　業務上必要かつ相当な範囲を超えたものによりその雇用する労働者の就業環
　境が害されることのないよう，当該労働者からの相談に応じ，適切に対応す
　るために必要な体制の整備その他の雇用管理上必要な措置を講じなければな
　らない。
Ⅱ　事業主は，労働者が前項の相談を行つたこと又は事業主による当該相談へ
　の対応に協力した際に事実を述べたことを理由として，当該労働者に対して
　解雇その他不利益な取扱いをしてはならない。

■ハラスメント防止指針（セクハラ防止指針・パワハラ防止指針）

（要旨）
・事業主の方針の明確化およびその周知・啓発
・相談（苦情を含む）に応じ，適切に対応するために必要な体制の整備
・職場におけるハラスメントへの事後の迅速かつ適切な対応
・併せて講ずべき措置（プライバシー保護，不利益取扱いの禁止等）

Ⅳ　再発防止策——初動対応の一歩先を見据えて

　初動対応としては，前記Ⅱに記載した対応をとることでいったん終了となる。
しかし，ハラスメント防止指針にもあるとおり，企業としては，再発防止策を
講じなければならない。なお，同指針は，ハラスメントの事実が確認できな

かった場合においても同様の措置を講ずることとしており，注意を要する。

　ハラスメント防止指針があげる再発防止策の例は以下のようなものである。

①　職場におけるハラスメントを行ってはならない旨の方針および職場におけるハラスメントに係る言動を行った者について厳正に対処する旨の方針を，社内報，パンフレット，社内ホームページ等広報または啓発のための資料等に改めて掲載し，配布等すること。

②　労働者に対して職場におけるハラスメントに関する意識を啓発するための研修，講習等を改めて実施すること。

　若干の検討を加えると，①については，実際に発生したハラスメント事案を踏まえた周知とすることにより，従業員に得心してもらいやすくなると考えられるが，他方でプライバシーへの配慮は徹底する必要がある。

　②については，加害者となる者はそもそも意識や自覚が乏しい可能性が高いため，知識や概念を伝達するだけではなく，自身の過去の言動を個々に省みてもらったうえでアウトプットの機会を設けるような参加型としたり，従業員の年次や役職に応じた階層別としたりするなど，まず方式面での工夫がなされるべきである。また，ハラスメントの特性に着目し，セクハラであれば一切禁止であることを徹底的に強調する，パワハラであれば業務上の指示や指導に留めるために具体的に気を付けるべきことを伝授する（たとえば「死ね」「頭が悪い」「会社を辞めろ」「給料泥棒」などのNGワードを言わない，批判の対象を人ではなく成果物に向けるなど）など，内容面でも一手間をかけたい。

　①②以外に考えられる再発防止策の例としては，たとえば，社内アンケートを実施することが考えられる。社内アンケートの実施には，新たなハラスメント事案の発生を抑制しつつ，潜在的なハラスメント事案を早期に発見するといった効果を期待できる。ハラスメントが横行する企業においては，就業規則や内部規程そのものを厳格化することも考慮に値する。

　実例に目を向けると，第三者委員会の調査によりセクハラの可能性が指摘された株式会社JPホールディングスの事案では，以下のような再発防止策が掲げられた。いずれの項目も適切なものであると考えられるため，焦点はいかに

実効性を高めていくかであろう。

・ハラスメント撲滅宣言
・当社グループ行動準則の見直しと実践
・コンプライアンス強化のための関連規程等の整備
・通報および相談に対する体制の整備
・教育・研修等の実施
(2017年12月22付株式会社JPホールディングスによるプレスリリース)

　最後に，筆者らの経験上，ハラスメントは，世代間のギャップというものにどのように対応するかが再発防止策のキーになることが多い。「飲み会では少々の下ネタくらい許される」，「あいまいな反応は『YES』である」，「自分はこうして鍛えられた」，「お客様に怒鳴られるよりは，社内で怒鳴られた方が，会社にとっても本人にとってもよい」という感覚を有する従業員らに対し，現代の日本社会においてハラスメントが企業に与えるダメージ（法的なダメージだけでなくレピュテーションダメージも含む）の深刻さをいかに腹落ちしてもらうか，知恵と工夫が試される。

■ **第 8 章**

会計不正

　第8章では，業種を問わずあらゆる企業において問題となり得る会計不正を
テーマとする。監査法人による監査のなかで，納入の事実が確認できない取引
が見つかったという事例を題材に，あるべき初動対応と押さえておくべきポイ
ントを解説する。

　「会計不正」とは，一般に，意図的に財務諸表に虚偽の表示を行うことを指
し，「不適切な会計処理」（意図的ではなく誤って行われた会計基準上適切でな
い会計処理）とは区別して用いられることもあるが，本章においては，便宜上，
両者を区別せず「会計不正」と呼ぶ。

事例	京都府宇治市に本社を置くX社は，主にソフトウェアの開発・販売を行う株式会社（東証プライム上場）であり，決算期は3月である。 　2023年4月，X社は，同年6月の有価証券報告書の提出に向けて，同社のB監査法人からの質問等に対応していた。この監査手続のなかで，X社の経理担当執行役員Aは，B監査法人から，大阪府堺市に所在するY社に対するソフトウェアの販売取引について，納入の事実が確認できないものがある旨の指摘を受けた。Y社は，X社の長年の取引先である。

初動対応チェックリスト

(1) 初期的調査（事実関係の確認・関係資料の収集）
(2) 監査法人とのコミュニケーション
(3) 開示書類の延長申請の検討
(4) 調査体制・スケジュールの確立

I 会計不正事案への対応のポイント

　会計不正事案は，上場会社が開示している不正・不祥事事案のなかで最も多い類型の１つである。しかも，それは，ときに会社の存続をもおびやかしかねない。

　上場会社は，有価証券報告書や四半期報告書[1]を監査法人の監査または四半期レビューを経たうえで，法定の提出期限までに開示する必要がある。しかし，ひとたび会計不正の疑いが生じると，その内容や対応いかんでは，監査法人が監査や四半期レビューを終えられず，最悪のケースでは，開示書類を法定の提出期限内に開示できず，上場廃止に至る。

　このように，開示書類の提出期限が法令で定められていることから（後記III参照），会計不正事案は，他の不正・不祥事事案と比べても，迅速な解決が特に強く求められる。限られた時間のなかで，事実関係を正確に把握し，それを適時・適切に監査法人や専門家と共有しつつ，必要な調査を進めていくことがポイントとなる。

1　なお，金融審議会ディスクロージャーワーキング・グループは，その2022年６月13日付報告において，「上場企業についての法令上の四半期開示義務（第１・第３四半期）を廃止し，取引所の規則に基づく四半期決算短信に「一本化」することが適切と考えられる。」と指摘している。

Ⅱ　初動対応

　会計不正事案では，初動対応の時点で不正の全体像を見通すことができることは，まずないと言ってよい。当初は，会計不正の疑い（可能性）があるというに過ぎない場合がほとんどであろう。冒頭の事例では，監査法人から，ソフトウェアの販売取引について，納入の事実が確認できないとの指摘を受けているが，この指摘からは，たとえば以下のようなケースが想定できる。

---

①　実は納入の事実が存在する取引であり，監査法人への情報共有不足にすぎない。
②　納入が遅延していたにもかかわらず，誤って売上を計上してしまった。
③　実体のない架空の取引を実行して売上を計上していた。
　(a)　Ｘ社が単独で，Ｙ社との取引書類（例：契約書，検収書）を偽造して書類上で架空の取引を作り出しているケース
　(b)　Ｘ社がＹ社およびその他の取引先の協力を得て，各社間で取引書類や金銭のやり取りが循環するように実態のない取引を作り出しているケース

---

　③(a)のケースでは，Ｙ社の協力なくして同社からＸ社への金銭の支払いは想定されない（入金の事実がないことに端を発して，会計不正が容易に露見することもある）。他方で，③(b)のケースはいわゆる循環取引である。複雑な事案も多いが，単純なケースを図示すれば，下図のとおりとなる。

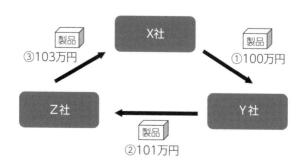

　ここでは，Ｘ社からＺ社へ，Ｚ社からＹ社へ，Ｙ社からＸ社へと，資金を循環させるように，書類上，３社間で，製品を売り渡しているというケースを想定している。Ｘ社としては，売上高の水増しのほか，事業資金の借入れを目的として，循環取引を行っている可能性がある（前頁図では，Ｘ社としては，製品をＹ社に販売して100万円を得るが，Ｚ社から製品を購入して103万円を支払う必要があるので，３万円の利息で100万円の融資を受けた場合と同じ経済的な意味がある）。Ｙ社およびＺ社としては，このような循環取引に協力することで，得た金額と支払った額との差額を得られるメリットがある。

　このように，初動対応の時点ではさまざまなケースが想定されることから，Ｂ監査法人から指摘を受けたＡ経理担当執行役員としては，まず，監査法人の指摘の内容を具体的に確認したうえで，さまざまな可能性を念頭に置きながら，初期的調査に取り掛かる必要がある。

1　初期的調査の際の留意点

　会計不正の疑いが確認された場合に，どのような体制・深度での調査が必要になるかは，ケースバイケースで判断される。たとえば，組織ぐるみで長年にわたって循環取引が行われていた疑いのある事例では，監査法人から，監査や四半期レビューを終えるためには弁護士や公認会計士といった専門家による調査が必要である旨の指摘を受けることが多いであろう。

　したがって，事例のケースにおいても，初期的調査にあたっては，将来的にこれらの外部専門家による本格的な調査が必要となる可能性も視野に入れておく必要がある。具体的には，以下の各ポイントに留意したい。

(1)　初期的調査メンバーの選定

　まず，初期的調査に限られないが，会計不正に関与した疑いがある役職員を関与させるべきではない。そうした役職員を調査に関与させると，調査の信頼性を失わせるうえ，関係者との口裏合せや関係書類の廃棄等の証拠隠滅が行わ

れる可能性も高まるからである。

　調査の信頼性を確保し，口裏合わせ等を防ぐための工夫の例として，以下のような方法が考えられる。

---

①　事業部門ではなく管理部門の，しかも疑義のある事業とは関係のない（薄い）メンバーのみ関与させる。
②　会計不正の疑いで調査を行っていることを正面から告げない（例：監査手続の一環として資料の提供依頼等を行う）。

　特に，事実関係が複雑で，法律上・会計上の問題を多く含むことが調査の過程で明らかになるような事案では，当初の想定に反して調査が長期化する可能性も十分にある。そのため，初期的調査の段階から，会計不正事案に精通した弁護士・公認会計士等の専門家からアドバイスを受けながら対応を行うことが望ましい。

　なお，会計不正が秘密裏に行われ事情を知る者が確認できないような場合，上記の①②による調査では，核心となる部分が何もわからないということもある。その場合には，関与したと思われる人物に対する直接のヒアリングも視野に，次善の対応方法を検討することとなる。本人が事実関係を認めざるを得ない状況を作り出すために，ヒアリングの時点で，客観的な証拠をどの程度収集し，本人に示すことができるかが重要なポイントとなる。

　ただ，後述するとおり，そういった証拠の収集は現実的には困難を極めることも多く，社内調査を開始したことが会計不正に関与した疑いがある役職員に知られてしまうデメリットと比較考慮のうえ，この時点での直接のヒアリングは留保するという選択も当然にあり得る。

(2)　不正の隠匿・矮小化の防止

　初期的調査において絶対に行ってはならないのは，監査法人に対し，虚偽の事実を報告したり事実を矮小化して伝えたりすることである。こうした不適切

な対応は，その後の専門家による調査や，監査法人による監査・四半期レビューにも致命的な影響を与えかねない。

　今日では，デジタル・フォレンジック調査が一般化し，削除された電子データを復元することも可能であり，電子データを削除したり改変したりしたことの証跡が後日発見されることもある。実際に，調査対象会社の役員がデータを意図的に削除したことが指摘され，その事実が監査法人による意見不表明の監査報告書が提出された理由の1つとしてあげられている事例も見られるところである。

2　ヒアリングの実施および関係資料の収集

　前記1(1)のとおり，社内調査を開始したことが不正に関与した役職員に悟られると，証拠書類を破棄されたり，口裏合わせが行われたりして，調査に支障が生じることもある。初期的調査にあたっては，そうしたリスクに留意しながら，関係する役職員へのヒアリングや，以下に掲げるような関係資料の収集を速やかに進めることが重要である。

〈資料収集リスト〉
①　X社・Y社間の取引で交わされた見積書，契約書，受発注書，請求書等
②　X社内の稟議書等の社内決裁文書
③　X社・Y社間でのやり取りに関する書類（メール，議事メモ等）
④　X社内における対象取引に関するコミュニケーション（社内メール等）

　もっとも，X社とY社の各担当者が共謀したうえで循環取引が行われている場合（前記③(b)のケース），監査法人による監査や内部監査において指摘を受けないように，X社・Y社間で取り交わされる書類は，むしろ形式上は不備のないものになっている可能性が高い。たとえば，Y社がX社の不正に協力しているとすれば，当然のことながら，Y社（の担当者）は，実体のない取引につ

いての契約書にも押印するだろうし，納入の事実がなくても検収書を発行する
だろう。

　また，社内メールは，A経理担当執行役員自らがCCに含まれているものは
容易に収集可能であるとしても，そうでないものの網羅的な確認は，調査の密
行性や限られたリソースを踏まえると，現実的ではない場合も多い。

　初動対応の目的は，会計不正の疑いの真偽やその概要を「可能な範囲で」確
認することにあり，不正の全容を明らかにすることにはない。初期的調査にお
いては，不正が疑われる事業の範囲や，関与が（強く）疑われる役職員の範囲
を画するうえで参考になる情報を得ることで，本格的な調査に備えることが重
要である。

3　監査法人とのコミュニケーション

　重大な事案であればあるほど，初期的な社内調査のみで事実関係の全体像を
把握することは困難であるため，なるべく早い段階でその後の対応方針を検討
することが重要になる。事例のケースでは，X社の最終的な目標が，監査法人
から監査報告書の提出を受け，提出期限内に有価証券報告書を提出することに
あるから，初期的調査の結果を踏まえて早急に監査法人とコミュニケーション
を図る必要がある。

　B監査法人は，X社の初期的調査によって確認された事実関係や，不正の疑
義の有無・その広がりなどのさまざまな事情を考慮して，社内調査の結果に一
定程度依拠できるか，そうではなく外部専門家の調査が必要かなどについて検
討する。とりわけ，経営陣による関与の有無や，故意か否か（意図的に財務諸
表に虚偽の表示をしたか否か），といった事情は重要である。たとえば，不正
会計に経営陣が関与していたとすると，外部の専門家を交えた調査体制，とき
には第三者委員会による調査が必要とも考えられる。

　このように，初期的調査によって明らかになった事実関係は，更なる調査の
要否や調査体制をはじめとする，今後の対応方針を決定するための前提となる

重要な情報である。したがって，たとえば，経営陣の指示に基づき循環取引が行われていたと疑われるのに，その疑義が監査法人に共有されないと，今後の対応方針の決定も誤ったものとなりかねない。そしてその結果，社内のメンバーが中心となって社内調査委員会を組成して調査を進めていたものの，後日，経営陣の関与が露見し，第三者委員会による調査に移行せざるを得なくなる事態が生じ得るのである。

　こうした事後的な調査体制の変更は，調査の大幅な遅延につながる。短期間のうちに調査を終える必要がある会計不正では，このような調査の遅延は致命傷になりかねない。したがって，初期的調査を適正に行うことはもちろんのこと，その結果を監査法人や外部専門家に適時適切に共有することは重要なポイントである。

4　開示書類の延長申請の検討

　監査法人とのコミュニケーションの結果，有価証券報告書の法定提出期限までに監査を終えることができない場合，有価証券報告書の提出期限延長申請を検討することになる。当職らの経験上は，法定提出期限の概ね2週間前までには，管轄財務（支）局に延長申請予定（またはその可能性）について，連絡をしておくことが望ましい。

　延長申請を承認するかどうかは，当局の裁量に委ねられている。延長申請により延長することができる期間は，実務上は原則として1カ月である。1カ月を超える期間の延長を申請する場合には，承認を得るための要件が加重される（開示ガイドライン24の13(3)）。

　同一の開示書類について，再度の延長申請を行うことも可能であるが，承認を得られない可能性は当初の延長申請に比して高まる。また，3度目の延長申請の承認を得ることは実務上非常に困難である。

5　調査体制・スケジュールの確立

　初期的調査を終え，その結果に基づき監査法人とも協議し，その結果として
開示書類の延長申請を行う場合には，延長申請の承認を得るためにも今後の調
査体制・調査スケジュールを早急に確立する必要がある。そうした調査体制も
含む調査計画の内容それ自体が，今後の調査に重要であることはもちろん，提
出期限延長申請の際に当局から確認されるポイントでもあるからである。

　調査体制の確立にあたっては，前記3のとおり，初期的調査の結果を踏まえ，
監査法人との十分なコミュニケーションを行うことが必要である。主に重要な
のは，外部専門家をどの程度調査チームに関与させるべきか（どの程度の客観
性と専門性を確保すべきか）について判断することである。

　委員会形式による場合には，①社内調査委員会，②特別調査委員会・外部調
査委員会，③第三者委員会などと実務上呼称される各委員会のいずれを設置す
べきかを検討することになる。日弁連の第三者委員会ガイドラインに準拠する
③が最も会社から独立した体制となり，それゆえ調査の客観性が最も確保され
るといえる。他方で，会社とこれまで利害関係のなかった外部専門家が独立性
をもって調査を行うため，会社にとっての負担も大きくなる。

　いずれかの委員会を設置することを義務付ける法令は存在しない。他方で，
そうであるからこそ，専門的な知見・経験に基づき，初期的調査の結果を踏ま
えた個別具体的な判断が必要になる。調査体制の選択に際しては会計不正事案
への対応に精通した弁護士の助言を得ることが望ましい。

Ⅲ　関係法令等

　上場会社は，それぞれの法定期限内に有価証券報告書または四半期報告書を
提出しなければならないが，法定期限は，財務局長等の承認を受けることがで
きれば延長される。

	提出期限	根拠条文
有価証券報告書	・原則：3カ月以内 ・例外：承認により延長可能	・金商法24条1項柱書
四半期報告書	・原則：45日以内 ・例外：承認により延長可能	・金商法24条の4の7第1項

　有価証券報告書および四半期報告書には，それぞれ財務諸表を掲載しなければならず（有価証券報告書につき金商法24条6項および開示府令17条，四半期報告書につき開示府令17条の15および開示府令第4号の3様式），その財務諸表は，監査法人の監査証明を受けなければならない（金商法193条の2第1項）。

　監査証明は，有価証券報告書については監査報告書，四半期報告書については四半期レビュー報告書によって行われる（監査証明府令3条）。監査報告書または四半期レビュー報告書に記載される監査法人の意見または結論の種類は，下表のとおりである（監査証明府令4条）。

	監査報告書	四半期レビュー報告書
①	無限定適正意見	無限定の結論
②	除外事項を付した限定付適正意見	除外事項を付した限定付結論
③	不適正意見	否定的結論
④	意見不表明	結論の不表明

　上表のうち，③または④に該当する意見または結論の付された監査報告書または四半期レビュー報告書を財務諸表に添付する場合，東証は，その会社の上場株式等について，一定の条件のもとで，特設注意市場銘柄に指定することができるほか（上場規程503条1項2号b），ただちに上場を廃止しなければ市場の秩序を維持することが困難であることが明らかであると東証が認めるときは上場を廃止するものとされている（上場規程601条1項8号等）。

　さらに，監査法人が監査報告書または四半期レビュー報告書を提出しないというケースもある。その場合，法定期限の経過後1カ月の間（提出期限の延長を受けた場合には延長された期間経過後8営業日目まで）に有価証券報告書ま

たは四半期報告書を提出できなければ，その会社の上場株式等は上場廃止となる（上場規程601条1項7号・上場規則601条7項1号）。

Ⅳ ｜ 再発防止策——初動対応の一歩先を見据えて

　再発防止策は，不正・不祥事事案の原因（なぜ発生してしまったか，なぜ早期に是正できなかったかなど）の分析を踏まえて，それぞれの事案の内容に応じて策定されるべきものである。そして，「会計不正」と一口に言っても，「会計不正」が行われるに至った背景事情やその手口・態様・関与者等の事情はさまざまである。

　もっとも，事案は異なっても，会計不正の予防にあたって共通して有用な再発防止策はあり，その例として，①企業風土の問題と，②経理体制の機能不全の問題をご紹介したい。

1　企業風土の改善・コンプライアンス意識の醸成

　会計不正事案に限らず，多くの不正・不祥事事案で原因として指摘される要素は，企業風土の問題である。そしてこれは，会計不正という文脈では，予算（売上や利益の目標）の必達が厳しく求められる企業風土という指摘で表れることが多い。

　すなわち，財務諸表に虚偽の表示をしても（例：10億円の当期純利益を20億円と過大に表示），一般的には，会計不正に関与する役職員にとって直接的な経済的メリットは乏しい。それにもかかわらず，会計不正事案が後を絶たないのは，上司から指示された売上や利益の目標を達成できなかったと報告することが事実上できない（例：何としてでも達成しろと言われる）ことによるものであることが多い。

　当然，営利企業において予算の設定やその達成の要請そのものは否定できな

い。しかし，たとえば，合理的な努力によって実現できない売上目標の達成を
営業担当者に厳しく強いるとき，上司の指示に逆らえないが目標達成もできな
い状況に陥った営業担当者には，架空の売上を計上したいという不正の動機が
生じてしまうのである。

　他方で，現実には，上司からそのようなプレッシャーを明示的にかけられて
いなくても，会社による強い予算達成の意向のもと，担当者としての責任感も
あいまって，担当者が業績見通しの下方修正・予実乖離は許されないとの意識
で自らを縛り，会計不正に手を染める場合もある。さらに，景気後退により顧
客の業績が悪化する中で，担当者において，長年にわたる取引関係に自身の代
で終止符を打ちたくないとの思いから，架空売上の計上を行ってしまうといっ
たケースも考えられる。このように，会社や上司からの明示的な指示や要求が
なくても，不正の動機が生じる可能性があるという点にも，留意が必要である。

　このような視点から策定される再発防止策として，たとえば，以下の株式会
社高田工業所の事例がある。

【不適切な会計処理の一例】
・年度目標を達成するため，3月から4月にかけて行われる工事のうち，4月
　に完工する工事の一部を，3月に完工した工事の完成工事高として計上する
　ことにより，完成工事高の先行計上が行われていた。
・工事ごとの原価率の平準化の目的で，原価率の悪い工事で発生した工事原価
　を原価率の良好な工事の原価として付け替えるという完成工事原価の付替え
　が行われていた。

【再発防止策の例】
・「風通しのいい組織であるための雰囲気づくりと情報伝達の改善」のために，
　全社員に対し信頼回復のための再発防止に向けた思いや今後会社として為す
　べきことなどについて，社長が本社をはじめ，全ての支社・事業所・支店に
　対し，訓話を実施した。
・適正な財務報告に対する意識醸成を目的に外部専門家によるワークショップ
　研修を実施した。

2　経理体制・システムの強化

　前記 1 のとおり，会計不正の防止において，企業風土の改善が重要であることも多い。他方で，こうしたいわば主観的・精神的な視点からの是正と，客観的・物理的な視点からの是正は，再発防止策の両輪をなす。

　本来，会計不正は，社内の自浄作用が正しく機能していれば，未然に防ぐことが可能である。たとえば，経理部門は，取引の表面的な事情（例：契約書や検収書といった書類の存在）に加え，具体的な状況（例：実際に納入スケジュールが遅延しており検収の完了に疑念を抱かせる事情）も把握できていれば，売上計上に必要な書類が整っていても，不適切な売上の計上を阻止できる。

　こうした自浄作用が機能不全に陥ると，会計不正が行われ，しかもそれが長年にわたって発覚しない事態を招く。そうした事態を避けるためには，「自浄作用」を人的側面と制度的側面から強化することが考えられる。たとえば，経理業務に精通した経理部員の新規採用や，経理システム上不正の余地を限定すること（例：営業担当者が売上計上時期を自由に入力できないようにすること）が考えられる。

　このような視点から策定される再発防止策として，たとえば，澤藤電機株式会社の連結子会社である株式会社エス・エス・デー（以下「SSD」という）の事例がある。

【不適切な会計処理の概要】
仕掛品の勘定科目を，実際の数値より過大に計上することにより，貸借対照表上の資産の部を過大に計上するとともに，損益計算書上の売上原価を実態より過少化し，その結果，SSDの営業利益を過大に計上していた。
【再発防止策の提言の例】
・経理業務担当者として，当社経理部において豊富な経験を積んだ従業員を，当社より子会社に出向させる。
・SSDの代表取締役社長についても，経理業務に関する知識がある当社役職員を選任し，新たなSSDの経理業務担当者との相互牽制を図るとともに，SSD代

表取締役社長に，新たなSSDの経理業務担当者に対する監督機能を果たさせる。
・SSDの経理業務担当者が相談をすることのできる外部の公認会計士・税理士
　等との顧問契約を締結することを検討する。

■第9章

インサイダー取引

　第9章では，古くから存在しながら近年においても件数が減ることのない，上場会社や資本市場における代表的な不正類型であるインサイダー取引事案をテーマとする。

　ある日突然，証券取引等監視委員会による立入検査を受けたケースを題材に，適切な初動対応と押さえておくべき法規制について解説する。

事例	月曜日午前9時，本社に出勤すると，受付から，証券取引等監視委員会の調査官を名乗る6名が事前のアポイントメントなく来訪したとの連絡が，突如，法務部長である私の元にあった。 　彼らは，ただちに中に入れるようにと言っているとのことであった。私は，ただならぬ雰囲気を感じ，彼らを会議室に通すよう受付に指示し，急いで会議室に向かった。 　会議室に入ると，6名のうち1名の男が私に名刺を差し出してきた。名刺には「証券取引等監視委員会事務局取引調査課」と書かれていた。その男は，席に着くと，2頁ほどの書面を私に手渡し，この立入が，金商法177条に基づく調査であるという説明を始めた。

初動対応チェックリスト
(1) 犯則事件か課徴金事案かの確認
(2) 証券取引等監視委員会（以下「SESC」という）への調査協力・調査妨害の防止
(3) 社内情報の管理
(4) 公表の要否の検討
(5) 社内調査の要否の検討

I インサイダー取引事案への対応のポイント

　上場会社が，役職員によるインサイダー取引規制違反の疑いを覚知する場面としては，大きく分けて2つのケースがある。1つは，役職員からの自主申告や内部通報等があった場合，もう1つは，SESCの調査が開始された場合である。

　社内においてインサイダー取引規制違反の疑いが発覚した場合には，状況にもよるものの，初動対応を検討することについて一定の時間的な猶予があり得る。

　一方で，冒頭の事例のように，SESCの立入調査が開始され，この時初めて役職員によるインサイダー取引規制違反の疑いを知った場合，事態は唐突に始まり急速に展開する。そのため，事前準備のための時間的猶予はなく，SESCによる調査の状況に合わせて臨機応変に対応していく必要がある。

　また，SESCによる調査の対象者は，基本的には個人であり，会社が嫌疑対象となることは稀である。しかし，インサイダー取引規制違反により，課徴金や刑事罰の対象となるのが役職員（個人）であったとしても，その役職員が所属する上場会社は，情報管理体制，インサイダー取引防止体制の不備等ガバナンスが十分に機能していなかったとの批判に晒され，レピュテーションダメー

ジをこうむる可能性がある。

　したがって，SESCによるインサイダー取引調査が開始された場合，SESC
の調査に誠実に対応しつつ，上場会社としてのリスク管理，ダメージ・コント
ロールを図る必要がある。その観点から，初動対応はきわめて重要であるとい
える。

　このことから，本章では，社内の役職員に対してSESCによる調査，そのな
かでも件数が多い課徴金調査が開始されたケースを想定して，初動対応のポイ
ントを解説したい。

Ⅱ　初動対応

1　犯則事件か課徴金事案かの確認

　インサイダー取引規制違反の疑いでSESCの調査が行われる場合，犯則事件
の場合と課徴金事案の場合とがある。

　犯則事件の場合には，SESCによる犯則調査が行われ，SESCの告発を受けて，
検察官が起訴し，刑事裁判が行われる。なお，捜査機関（警察や検察）が，単
独で，またはSESCと共同して，捜査に着手する場合もある。

　一方で，課徴金事案の場合には，SESCによるインサイダー取引調査が行わ
れ，SESCの課徴金納付命令勧告を受けて，審判手続きを経て，金融庁による
課徴金納付命令が行われる。

　課徴金納付命令と刑事罰とは，本来，二者択一ではなく，法律上，両方を課
すことも妨げられない。したがって，同一の嫌疑・被疑事実に対して，課徴金
調査と犯則調査が並行して行われることもあり得る。もっとも，実際上は，調
査開始時点においていずれか一方が選択される場合が多く，重大・悪質なケー
スが犯則調査の対象とされ，それ以外が課徴金調査の対象とされる。

　犯則事件のケースと，課徴金事案のケースとでは，調査を受ける対象者や上

場会社に対するインパクトも異なる。上記のとおり，重大・悪質な事案であるとSESCが判断したケースが犯則事件となる。そのため，課徴金事案の場合に比べ，犯則事件の場合は，世間やマスコミの注目も高く，調査の過程で報道されてしまう場合もある。

　また，犯則事件のケースでは，捜索・差押え等の強制調査が行われる（金商法211条等）。SESCの犯則調査の担当部署である特別調査課は逮捕権限を有していないが，検察・警察との共同捜査・調査を行う場合，検察官や警察官による逮捕もあり得る。一方で，課徴金事案のケースでは，あくまで任意の協力を求めるという形で調査が進められ，SESCの調査官には当然，身柄拘束の権限もない。ただし，協力を拒否した場合には罰金を科される可能性があり，これを間接強制という。

　したがって，その後の調査の進展等を理解するうえでも，SESCの調査の開始時点で，犯則事件か課徴金事案かを明確に区別して認識しておくことが重要である。

　では，犯則事件か課徴金事案かの区別はどのようにすればできるのか？　これは，実は，SESCの調査官が来訪した時点で，明確に区別することが可能である。すなわち，SESCにおける調査の担当部署は，課徴金調査の場合には，取引調査課または同課の国際取引等調査室であり，犯則調査の場合には，特別調査課である。上記のとおり，犯則事件のケースには，強制調査が行われることが多く，強制調査には裁判所が発付した捜索差押許可状（令状）が必要となるため，SESCの調査官が令状を提示してきた場合には，犯則事件であるとわかる。一方で，課徴金調査の場合，SESCの調査官は，金商法177条の書面または検査証を示す。

　冒頭の例では，取引調査課の調査官が，書面を示して金商法177条に基づく調査であることを告げていることから，犯則調査ではなく，課徴金調査であることがわかる。

【図表9-1】手続きの全体像

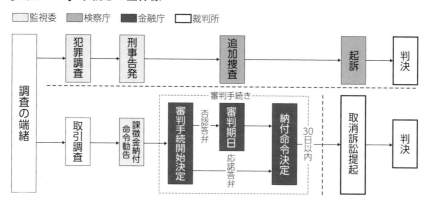

2　SESCの調査への協力および調査妨害の防止

(1)　SESCの調査のポイント

　広義のインサイダー取引規制には，売買などの取引行為を禁止する類型と，情報伝達・取引推奨を禁止する類型とがある。前者については，重要事実の決定・発生，それの把握，売買，公表という時系列をたどる。また，後者については，重要事実の決定・発生，それの把握，（利益を得させまたは損失を回避させる目的での）情報伝達・取引推奨，売買，公表という時系列をたどる。

　これらの順序が前後すると，インサイダー取引規制違反や情報伝達・取引推奨規制違反は成立しない。たとえば，重要事実の決定・発生より前に，その事実を知るということはないし，売買の後に重要事実を知ったとしても，インサイダー取引規制違反とはならない。したがって，SESCによる調査においても，上記の時系列が順序どおり認定できるかという事実関係の確認が行われる。

　この点，SESCは，立入調査に先立って，証券口座の開設記録，取引記録，銀行口座の取引記録等を調査しているのが通常である。そのため，SESCは，嫌疑者の口座開設のタイミング，取引の金額やタイミング，資金の動き等についてはあらかじめ把握している。また，公表という事実については，調査をす

るまでもなく，容易に認定できる。

　一方で，いつ重要事実は決定されたのか，発生したのか，いつ誰が知ったのか，情報伝達・取引推奨行為であれば，これらに加えて情報伝達・取引推奨行為が行われたのか，利益を得させまたは損失を回避させるという目的はあったのかは，立入調査の後でないとわからないことが多い。

　したがって，SESCは，立入調査によって，重要事実の決定や発生のタイミング，重要事実を知っている者の範囲，嫌疑者が重要事実を知ったルート・時点等について重点的に確認していくこととなる。

(2) SESCへの資料の提出準備

　SESCの調査官からは，立入日当日，上場会社に対して金商法177条に基づく報告徴求命令が出され，一定の資料の提出が求められる。たとえば，取引所に提出した経緯書（問題となっている重要事実の公表に至るまでの関係者間の会議や協議の日時や参加者を記した書面）や，重要な会議体の議事録や配布資料，組織図・座席表，勤怠記録・スケジュール表等が含まれる。

　上場会社が取引所に提出した経緯書や，取締役会・経営会議等の会議体の資料は，たとえば，決定事実のタイミングや重要事実を知っている者を確認するために必要となる。また，当時の組織図や座席表の提出は，重要事実を知った者，知り得た者の範囲，人物関係や人物のバックグラウンドを確認するために役に立つ。また，勤怠記録・スケジュール表等で，伝達などの機会があったかを確認していく。

　また，SESCが直接デジタルフォレンジックの手法によって，メールを含むデータの収集をデータサーバーから行い，その分析を行うこともあるし，または上場会社に対してデータの提出を求めることもある。冒頭の例では，6人の調査官のなかにデジタルフォレンジックの専門官がいる可能性がある。

　上記のとおり，SESCからの書類等の提出の要請を拒んだ場合には，罰金を科される可能性があるため，現実的には，提出に応じることとなる。

　大量の書類の提出を求められた場合，全ての書類の優先順位が同じというこ

とはなく，SESCとして優先順位をつけることができる場合はある。また，SESCとしても，事実関係が不明であるため，幅広に依頼してきており，必要以上に対象が広がっている場合もあり得る。

　そのため，実務上は，書類の提出にあたっては，具体的な資料を見たうえで，提出範囲の絞り込み・優先順位付け等について，調査官と相談しながら進めることもある。

⑶　SESCによる質問調査への対応

　SESCは，立入開始後，上場会社に対して資料の提出を求めたりするほか，嫌疑者や上場会社に対して質問調査を行う。

　SESCによる嫌疑者に対する質問調査については，その嫌疑者によって株式等の取引が行われていることを前提として，①重要事実を知っているか否か，②いつ知ったか，③誰から知ったか，という重要事実や伝達に関する事実関係の確認が行われるとともに，④口座開設や取引の動機・理由（なぜこの時期に口座開設したのか，なぜこの時期にこの銘柄を選んだのか，なぜこの取引パターンなのか等）の確認がなされる。この質問調査に関しては，嫌疑者が上場会社の役職員であっても，SESCがその上場会社のほかの役職員に対して，誰が嫌疑者であり，質問調査をいつ行うのかということを情報共有することは通常はなく，上場会社としては，その点について確実に探知できるというものではない。

　上場会社自身に対しては，重要事実の決定の主体が誰か，いつ決定されたのか，重要事実の発生はいつか等を証拠化する1つの方法として，質問調査が行われる。たとえば，業務提携であれば，通常はどの意思決定機関が決定すれば，会社の決定となるのかという点や，本件ではどのような過程を経て決定に至ったのかを確認していくところ，その一環として，上場会社の役職員への質問調査が行われる。

　なお，重要事実がいつ決定されまたは発生したのかについては，法文に列挙されている重要事実の類型や，個別の事実関係に応じて細やかな分析を要し，

一般論ではあるが，決定事実・発生事実というその語感から想像する時期よりも相当程度早いタイミングで重要事実が決定されていたと認定されることも少なくない。たとえば，決定事実については，それに向けた作業等を会社の業務として行う旨の決定があれば，その時点で重要事実が決定されたことになる。したがって，重要事実の決定・発生の経緯については時系列に沿った細かな事実関係の確認が行われると認識しておくべきである。

　上場会社の役職員に対してSESCによる質問調査が行われるにあたっては，たとえば，法務部等の所管部は，質問調査を受ける者に対して，SESCの調査に関する基本的事項や質問調査を受けるにあたっての一般的な留意点については教示しておくことがよいであろう。具体的には，SESCの調査権限の内容や，調査対象になっている重要事実はいつのどの出来事か等の説明が考えられ，そうすることによって，被質問者に一定程度の精神的な安心感を与え，記憶の喚起を促すことが可能となる。その際，専門の弁護士を起用するという場合もある。

　また，当局からの質問に対して回答するうえでの留意点としては，①自己の直接的な経験に基づくものなのか，他人から聞いた話（伝聞）なのか，②実際に記憶があるということなのか，現在から振り返るとそういう推測ができるということなのか，③通常はそうしているという経験ないし記憶なのか（通常はそうしているから，実際にもそうしたはずだといういわば推測なのか），実際にしたかどうかの記憶なのか，④覚えている点と覚えていない点の明確な区別や，一部について覚えていて，ほかについては覚えていないといった場合には，なぜ一部のみ覚えているのか（なぜ記憶に残っているのか），⑤客観的事実について回答しているのか，主観的な意見や評価について述べているのか，それぞれ峻別することが重要である。

　また，調査官の質問の趣旨が上記のいずれを聞いているのか判別できないときには，調査官に対して質問の趣旨を明らかにするように求めることも重要である。

　たとえば，記憶が定かではないといった場合に，このメールからするとこう

いうことなのではないか？　という質問が行われることがある。記憶としてそのとおりであればその旨回答すればよいが，記憶としては覚えていないが，メールの文面からすると，そういう趣旨なのではないかと思うという場合には，記憶と推測を峻別し，記憶としては覚えていない旨を明確化したうえで，メール文面からすると，そのような趣旨であっても自分のなかで違和感はない，不自然ではないなど，できるだけ実態に即した回答をすることが適切である。

(4)　嫌疑者への対応

　前記(3)のとおり，SESCが課徴金調査を行う場合，（少なくとも）調査の初期段階では，SESCは上場会社に対して具体的な嫌疑者を伝えないことが通常であり，上場会社においては，嫌疑者が誰かということを正確に把握することは容易ではないことがある。さらにいえば，SESCが課徴金納付命令勧告を行う場合にも，SESCからは，一定の属性（役員か従業員か，元役員か元従業員か程度）は公表されるものの，原則として個人名までは公表されないため，SESCによる調査が終了しても誰が嫌疑者であったかただちには明らかとならない場合がある（課徴金審判が開廷される場合には，公開の審判廷で行われるため，嫌疑者を確認することができるが，嫌疑者において違反行為を認める場合には，審判は開廷されない）。

　これは，伝達の内容やルートの特定が不可欠というインサイダー取引事案の性質上，嫌疑者が誰かということが関係者間に広まると，関係者間で口裏合わせが行われるおそれがあるためである。特に，メール等の客観的な証拠が残っていない場合では，関係者の供述はきわめて貴重な証拠となる。

　一方で，上場会社としては，情報を適時に把握し，情報がマスコミにリークされた場合などのリスク・コントロールを行うため，嫌疑者を特定し，嫌疑者から事情を聞き出したいという要請もある。

　SESCから上場会社に対して，嫌疑者による会社データへのアクセスの禁止の措置や，その嫌疑者についてのデータ提出等が求められる場合もある。また，嫌疑者が，SESCから質問調査を受けるために，突然の欠勤や休暇の申請等を

行う場合もある。こうした状況から自ずと嫌疑者の範囲が特定される場合もある。

　上場会社としても，嫌疑者への接触が法的に禁止されるわけではないため，嫌疑者から事情を聞くという選択肢もある。しかし，調査の初期の段階ではSESCからは嫌疑者に接触しないようにという強い要請がなされる場合もあり，調査妨害との疑いを受けないようにするためには，自社における事実確認の必要性（後記5参照）を見極めながら慎重に進める必要がある。

3　社内情報の管理

　SESCから具体的にどのような調査を受けているかといった事実に加えて，インサイダー取引の調査を受けているという事実自体についても情報管理には留意すべきである。

　前記2⑷と同様に，特に調査の初期においては，情報が広まると，関係者において，口裏合わせや証拠の隠滅の危険につながる場合もあり，意図せずに，調査妨害に加担することにもつながりかねない。

　そのため，SESCの調査に対応する者の範囲を限定するとともに，上位者への報告についても念のためSESCに適否を確認したうえで行うのが望ましい。また，調査対応にあたる者に対しても，調査を受けているということ自体が厳秘であるということの周知が必要である。

4　SESCの調査や勧告に関する公表

　前記3と同様の理由から，SESCの調査の初期段階において，対外公表することは控えるべきである。また，SESCからも公表をしないように要請されることが通常であろう。

　一方で，情報が漏れたときの対応については準備をしておく必要があり，適時開示等を行うか否か，マスコミに対してどのような広報対応をするか等を検

討しておくべきである。

　また，SESCから課徴金納付命令勧告がなされた段階においては，SESCからその内容が公表されるが，上場会社としてもその旨を対外的に公表するということが多いであろう。インサイダー取引規制違反は，役職員個人の問題であることも多いが，同時に，上場会社として必要な範囲で原因の究明や再発防止策の策定をすることが必要である場合も多い。たとえば，後記Ⅳのとおり，インサイダー取引防止規程自体や規程の運用の仕方，情報の管理の仕方等に，改善すべき点があれば，これを機に見直すことが肝要と考えられる。

5　社内調査の要否の検討，社内調査結果の公表

　インサイダー取引規制違反について社内調査を行う例は少なからず存在する。しかし，たとえば，多くの場合，不正会計事案のように，調査委員会の設立が監査人から求められるというものではない。また，前記4のとおりインサイダー取引規制違反は，その行為者が上場会社の役職員であったとしても，個人の問題に帰着することが多く，公益性といった観点からも，大規模な社内調査の要請が高いとまではいえない。

　一方で，前記4のとおり，インサイダー取引が発生した場合には，上場会社としての情報管理体制等が問題視される場合もあり得る。また，社内的な処遇や処分の検討も必要となり，このような要請から，上場会社としては，社内調査を行う場合がある。

　社内調査のためには，嫌疑者を含めて関係者に対する事情聴取を行うことが必要になるため，特にSESCによる調査との関係で，事情聴取のタイミングは慎重に検討する必要がある。前記2(4)のとおり，SESCとしては，その調査の初期においては，嫌疑者への接触を控えるよう要請することが多いと考えられる。そのため，SESCの調査進捗に応じた対応が必要となる。上場会社としては，口裏合わせや証拠隠滅のおそれが十分に低くなり，自ら事情聴取をしても問題ないとSESCに理解をしてもらえるタイミングを計ることになるが，その

ためには，SESCの調査官とのコミュニケーションも必要となる。

　社内調査委員会の設置自体やその結果を公表するかについても，上記の調査の目的の観点から検討する必要があり，通常の事例でいえば，公表をするということについて必要性が高いとまではいえないだろう。

Ⅲ｜関係法令等

　インサイダー取引規制は，上場会社等の会社関係者等のインサイダー取引規制（金商法166条）と公開買付者等に対するインサイダー取引規制（同法167条）とがある。また，これらの各類型について，それぞれ情報伝達規制および取引推奨規制が設けられている（同法167条の２）。

　上場会社等の会社関係者等のインサイダー取引規制においては，①上場会社等の役員や従業員等の会社関係者等が，②その上場会社等の株式発行や業務提携，業績予想修正等の未公表の重要事実を知って，③その上場会社の株式等の売買を行うことが原則禁止される。

　また，公開買付者等のインサイダー取引規制においては，①公開買付者の役員や従業員等の公開買付者等関係者等が，②未公表の公開買付けの開始に関する事実（または中止に関する事実）を知って，③公開買付の対象会社の株式等の買付け等（または売付け等）を行うことが原則として禁止される。

　情報伝達規制および取引推奨規制については，①会社関係者や公開買付者等関係者が，②未公表の重要事実や公開買付け等事実を知って，③他人に利益を得させまたは損失を回避させる目的を持って，④重要事実や公開買付け等事実を伝達し，またはその上場会社や公開買付対象会社の株式等の売買等や買付け・売付け等を推奨することが，原則として禁止される（なお，被伝達者または被推奨者が売買等や買付け・売付け等を行うことは課徴金や刑罰の賦課の要件となっている）。

　インサイダー取引や違法な情報伝達・取引推奨を行った場合，上記Ⅱ1のと

おり，犯則事件においては刑事罰が，課徴金事案については課徴金が課される。刑事罰については，個人がインサイダー取引規制等に違反した場合には，5年以下の懲役または500万円以下の罰金が科されるか，これらが併科される。法人の役職員が，その法人の業務または財産に関してインサイダー取引規制等に違反した場合には，行為者のみならず法人に対しても5億円以下の罰金が科される。そのほか，インサイダー取引等により得た財産は全て没収・追徴される。課徴金については，インサイダー取引時の株価と重要事実公表後2週間の最高または最低株価との差額を基準に，課徴金が算定される。

　刑事罰，課徴金のほかにも，インサイダー取引規制に違反した場合，とりわけ，役員や上位の経営層がそれに関与していた場合には，上場会社としての情報管理体制や遵法意識等の観点から，資本市場における信頼の失墜やレピュテーションダメージは大きい。

Ⅳ 　再発防止策──初動対応の一歩先を見据えて

　これまで，インサイダー取引規制違反やその可能性が生じた場合に，上場会社としてどのように初動対応すべきかを論じてきた。以下では，インサイダー取引規制違反が発生した場合の代表的な再発防止策について見ていくこととしたい。

1　周知徹底の仕組みの再考

　インサイダー取引規制の違反者からは，違反行為を行った時の内心として「軽い気持ちから」だとか，「見つからないと思って」などといった言葉が聞かれることがある。実は，役員が重要事実を知りながら，自分で株式を買ったとか，他人の名義の口座で買ったとか，安易なインサイダー取引が一向になくならない。これらの発生原因としては，規範意識が乏しいといったことも少なか

らずあるが，さらに言えばインサイダー取引規制違反の発覚のしやすさや違反した場合のサンクションの重さ（刑事罰や解雇等）に思い至らないということがその根底にあるように思う。したがって，まずは，上場会社等においては，研修等を通じてインサイダー取引規制自体の理解を深めることが考えられるが，研修の内容も単に制度の説明を行うのではなく，よく起こるインサイダー取引の事例や，発覚のしやすさ等を十分に役職員に周知する必要がある。

　また，役職員によって重要事実等を知る機会や頻度には差がある。たとえば，役員であれば，覚えていなかったというだけであって，実際は取締役会や経営会議等の重要な会議体において，重要事実が共有されていたというケースもある。一方で従業員のなかには，業務上重要事実を知る頻度が著しく少ないという者もいる。したがって，自社の役職員について研修をするとしても，その内容や留意すべき事項については自ずと違いが生じてくることも念頭に置く必要がある。

　研修のタイミングについても，入社研修，役員の就任時研修等の入り口のタイミングのほか，毎年定期的に行う方法は広くとられている。それに加えて，金商法のインサイダー取引規制に関する重要な改正があった場合や，インサイダー取引防止規程に改訂があった場合，または社内においてインサイダー取引が発覚した場合等にはその臨時の研修テーマとして取り上げるなどして，複数の観点から行うことが有益と考えられる。

2　インサイダー取引防止体制の見直し

　インサイダー取引規制違反の発生は，個人の意識の問題もあるが，組織的な体制の構築によって防止を図れる部分も相応にある。

　たとえば，平時からのインサイダー取引の管理方法としては，インサイダー取引防止規程の随時の見直しが重要である。特に，金商法のインサイダー取引についての改正は多数行われているが，インサイダー取引防止規程の改訂が全くなされていないという上場会社も比較的よく見られる。特に取引推奨規制に

ついては，導入後かなりの年数が経過しているが，未だにインサイダー取引防止規程に規定されていない上場会社も目にする。こうした基本的なところから管理を徹底すべきであろう。

　また，インサイダー取引防止規程との関係では，たとえば，①自社株の売買の禁止のみならず他社株の売買の禁止を含めるか，②取引にあたり事前届出制や許可制等を設けるか（設ける場合にどこの部署が所管するか），③売買可能期間や禁止期間を設定するか，④事前届出制や売買可能期間について，重要事実に触れる可能性を考慮し，部門・職位等に応じた段差を付けるかどうかなど，さまざまな設計があるが，上場会社の事情や，取り巻く環境等に応じて，不断に見直すべきように思われる。

　M&Aやエクイティファイナンス等の重要事実に該当するトランザクションを行う場合には，平時の体制の上に，追加的な管理体制を敷くということがある。より具体的には，当該プロジェクトへの関与者の一覧の作成，関与者からの誓約書や確認書の取得，プロジェクトコードやパスワードの設定，関与者の取引の禁止等，重要事実が拡散しないための方策，売買等が行われないための方策等をとるなどであり，こうした仕組みの構築が非常に有益である。

■ 第10章

不当表示

　第10章では，不当表示をテーマとする。その典型例である，実際の製品の性能に比べ広告内容が過剰となってしまった事例（優良誤認表示）を題材に，あるべき初動対応と押さえておくべき法令を解説する。

事例	鞄メーカーであるX社は，販売する一部の鞄製品について完全防水性能をうたっており，ホームページ，テレビCM，SNS等で，「完全防水！ ほんまに水が入ってけえへん」などと大々的に宣伝していた。同製品の売上は年々順調に伸びていたが，最近，顧客から，X社のお客様相談窓口宛てに，「実際に使用してみたところ，中に水が入ってきた」というクレームが相次いだ。そこで，社内で調査したところ，同製品の原料の調達先を変更した結果，十分な防水性能を備えていない製品になっていたことが判明した。

初動対応チェックリスト

⑴　事実関係の確認（商品の内容（仕様，規格等），表示が行われていた媒体とそれぞれの記載内容，表示の根拠となった資料（試験結果，証明書等））

⑵　表示の取りやめ等の検討

⑶　公表の要否の検討

⑷　顧客対応・マスコミ対応

⑸　当局対応

I 不当表示事案への対応のポイント

　表示・広告に関する法規制にはさまざまなものがあるが，本稿では，代表的な法規制である景品表示法を中心に解説する。

　景品表示法は，商品・サービスの品質や価格等について，一般消費者（以下，単に「消費者」という）を誤認させるような表示を「不当表示」として禁止している。その中核となる禁止行為が，①商品・サービスの品質，規格，その他の内容についての不当表示である「優良誤認表示」，②価格，その他の取引条件についての不当表示である「有利誤認表示」の2つである。わかりやすくいえば，消費者に対して，実際の商品・サービスよりも「良いものである」という誤認を与えるのが優良誤認表示，「よりお得である」という誤認を与えるのが有利誤認表示である。いずれも，商品・サービスの内容と表示との不一致を規制しようとするものである。

　不当表示は，景品表示法上，消費者庁による措置命令（行為の差止め，違法行為が再び行われることを防止するために必要な事項，これらの実施に関する公示等）や課徴金納付命令の対象となり得る。実際，措置命令については年間数十件，課徴金納付命令についても年間十数件の執行例があり，その対象には十分な対策を講じているはずの大企業も含まれる。今後も消費者庁による積極的な法執行の流れは継続するものと考えられる。

　また，広告表示は消費者にとっても身近な存在であり，近年では新聞折込チラシやテレビCM等に限らず，WEBマーケティングが積極的に展開されている。これらの広告媒体を介して，消費者を誤認させるような表示を行い，さらに初動対応を誤った場合は消費者からの反感を買いやすく，不買運動に発展するなど，企業が深刻なレピュテーションダメージを被る可能性がある。これらの点を念頭においたうえで初動対応を行う必要がある。

Ⅱ 初動対応

1 事実関係の確認

　一般に，不正・不祥事は，内部通報等により社内で発覚する場合と社外からの指摘で発覚する場合が存在する。前者の場合は，後者の場合よりも，事実関係の調査および適切な対応について検討の機会や時間を確保しやすいといえる。

　しかし，不当表示事案に関しては，社外からの指摘で発覚する場合が多いという特徴がある。これは，表示を行う際に社内でその適切性について一定の検討を経ていることから，社内からの問題提起は難しく，また，製品や表示が多くの消費者の目にさらされていることによる。近年ではSNSによって瞬く間に情報が拡散される可能性にも留意しつつ，他の不正・不祥事の事案に比して，スピード感のある初動対応が求められる。

　社外から発覚する場合として代表的なものとしては，①消費者からの問い合わせ，②他社からの通報，③マスコミによる報道，④消費者庁からの問合せがあげられる。いずれの場合も，事実関係を確認する必要があるが，発覚の経緯によって緊急性や問題が顕在化する可能性は異なる（②他社からの通報については，競合他社による牽制に過ぎない場合も考えられる）。

　特に，このうち④消費者庁からの問合せがあった場合は，その事実だけをもってただちに不当表示と断定できるわけではないものの，速やかに対応する必要がある。なお，消費者庁が自ら情報収集を行い，調査を開始する場合もあるが，それよりも外部からの情報提供を契機として調査を開始する場合の方が多い。その意味では，不当表示に関する社外からの指摘に対しては，いずれも問題となる兆候を示すものとして，慎重に取り扱う必要があるだろう。

　不当表示とは，「商品の内容」と「表示」の不一致を問題とするものであり，事案によっても異なるが，初期の調査段階において，調査・確認する必要がある事実関係はおおむね**図表10-1**のとおりである。社内においては，経営幹部

に報告のうえ，商品開発部門，リスク管理部門，法務部門，広報部門等による
対策チームを立ち上げ，各部門が連携をしながら迅速に進めるようにしたい。

【図表10-1】 初期の調査段階で調査・確認すべき事実

① （表示との関係で問題となる）商品の内容（仕様，規格等）
② 表示が行われていた媒体とそれぞれの記載内容
③ 表示の根拠となった資料（試験結果，証明書等）
④ 商品の内容と表示が一致しなくなった期間，その期間における商品の販売個数・販売金額
⑤ 商品の内容と表示が一致しなくなった経緯
⑥ 直近の商品の販売状況
⑦ 他に問題となり得る表示の有無

　まず，①商品の内容（仕様，規格等）および②表示が行われていた媒体とそ
れぞれの記載内容については，「商品の内容」と「表示」との不一致を確認す
るために，当然ながら最優先で確認する必要がある。ある商品について，複数
の媒体で異なる内容の広告が行われていることも珍しくはなく，また，近年で
はインターネットメディアやSNS等の媒体において広告を行っていることも考
えられるため，漏れがないようにそれぞれの媒体ごとに表示の内容を精査する
必要がある。

　③表示の根拠となった資料の確認も，不当表示に該当するか否かを判断する
うえで重要な要素である。

　特に，消費者庁による優良誤認表示の調査においては，消費者庁は，期間を
定めて表示の裏付けとなる合理的な根拠を示す資料の提出を求めることができ
る。そして，事業者から当該資料が提出されないときは，措置命令との関係で
は優良誤認表示と「みな」され，また，課徴金納付命令との関係では優良誤認
表示と「推定」されるという，事業者にとっては厳しい規定が存在する（景品
表示法7条2項，8条3項）。表示の裏付けとなる合理的な根拠を示す資料の提

出は，原則として，提出を求められた時から15日と相当短い期間内に行う必要
があり，その意味からも調査の初期段階で準備しておく必要がある。

　そして，上記の事実関係の確認の結果，「商品の内容」と「表示」との間に
不一致が確認された場合には，その不当表示によって消費者に与える影響や事
案の深刻度を検討するために，④商品の内容と表示が一致しなくなった期間，
その期間における商品の販売個数・販売金額を確認する必要がある。

　仮に課徴金納付命令の対象となった場合，課徴金の額は，原則として不当表
示が行われていた期間（最長3年間）に販売された商品・サービスの売上の
3％に相当する額とされており（景品表示法8条1項柱書本文，2項），④の事
実は課徴金の算定額の基礎となる。また，商品・サービスの売上が5,000万円
に達しない場合はそもそも課徴金を課すことができないとされているため（景
品表示法8条1項柱書ただし書の後半部），課徴金の対象になり得る事案なのか
を把握するという意味からも重要である。

　また，⑤商品の内容と表示が一致しなくなった経緯も，不当表示に至った原
因を分析するうえで重要である。調査の結果，仮に自社の故意・過失によるも
のではないと判明した場合であっても，「不当表示ではない」という整理はで
きないことに注意する必要はあるが（不当表示に該当するかは客観的に判断さ
れ，表示を行った事業者の故意・過失の有無は問題とはならない），不当表示
に至った原因が他社にあるケース（仕入先が自社と合意していた仕様とは異な
る製品を納入していたような場合が典型例である）など，他社に対して責任追
及が可能な事案であるかどうかは確認しておく必要がある。

　また，課徴金に関しては，課徴金対象行為を行った期間を通じて，自らが
行った表示が課徴金対象行為に該当することを知らず，かつ，知らないことに
つき相当の注意を怠った者でないと認められるときは課徴金を課すことができ
ないとされているため（景品表示法8条1項柱書ただし書の前半部），そのような
主張を行う余地があるかについても検討する必要がある。

　そして，経営に与えるインパクトを把握するために，⑥直近の商品の販売状
況を確認することも必要である。主力商品，売れ筋商品の場合は，大きな損失

を計上することになる可能性があり，上場企業の場合は株価への影響も懸念される。

　さらに，実際に消費者庁による調査が始まった後，当初調査対象となっていた表示以外の表示が事後的に問題となる可能性もあることから，そのような場合に備えて，少なくとも調査対象となっている商品において，⑦他に問題となり得る表示がないかはあらかじめ確認しておく必要がある。

2　表示の取りやめ等の検討

　初期的な事実関係の調査・確認の結果，不当表示であることが判明した場合には，即座に表示の取りやめを行うことになる。表示の問題性を認識しながら，これを継続した場合には，社会から強い批判を浴びるということはもちろん，特に不当表示の場合，課徴金を課されるリスクを考慮する必要がある。

　前述のとおり，事業者において，一定の主観的要件を満たす場合（自らが行った表示が課徴金対象行為に該当することを知らず，かつ，知らないことにつき相当の注意を怠った者でないと認められる場合），課徴金は課されないが，この主観的要件は「課徴金対象行為をした期間を通じて」認められる必要があるからである。すなわち，自らが行った表示が課徴金対象行為に該当することを知った後に速やかに同行為を止めなければ，「課徴金対象行為をした期間を通じて」の要件を満たさないと解されており，本来課される必要のなかった課徴金が課される場合があることに注意する必要がある。

　なお，消費者庁の措置命令自体は，企業が表示を取りやめた場合も行うことができる（景品表示法7条1項柱書後段）。

　また，さらに進んで商品の販売自体を中止する必要があるか否かについても検討することになる。不当表示が問題となるケースでは，「商品自体には問題がない場合」と「商品自体に本来的に問題がある場合」がある。ウイルス除去効果があると宣伝している商品を例にあげれば，一定の環境下においてウイルス除去効果が認められなくなるにもかかわらずそれを表示していなかった場合

が前者，そもそも商品自体にウイルス除去効果が認められないまたはほとんど認められない場合が後者であり，一般には後者の方がより深刻な事案である。そのような場合には，商品の販売中止も（場合によっては，さらに進んで，すでに販売した商品の回収も）検討する必要が生じる。

3　公表の要否の検討

　不当表示が判明した場合，その事実を公表（プレスリリース，社告，自社ホームページ等）するか否かを検討することになる。表示の誤りが人の生命・身体に関わるような場合（たとえば食品のアレルギー表示が誤っていたような場合）には，ただちに事案を公表する必要がある。

　そうでない場合は，一般に，公表することによる事業への影響，不当表示によって発生する消費者等の不利益の有無・内容・程度，消費者庁の行政処分を受ける可能性の程度等を考慮して判断することが多い。こうした検討においても，会社の利益の名のもとに，消費者の安全・安心が害されることがあってはならない。この点，消費者庁は，事業者に対して措置命令を行った場合，その内容を消費者庁のホームページ上に公表しており，また，事業者にも措置命令の内容として，違反したことを消費者に周知徹底することが求められることが一般的であるため，消費者庁による措置命令がなされた場合は，いずれにせよ，事案が公表されることには注意しておく必要がある。

4　顧客対応・マスコミ対応

　事業者が自ら事案を公表する，あるいは個別の顧客に対して事案を通知した場合は，顧客対応やマスコミへの対応が必要になる。前述のとおり，広告表示の身近さから，対応内容によっては企業が深刻なレピュテーションダメージを被る可能性があり，この点には十分注意する必要がある。事案の公表の際，顧客やマスコミからの問い合わせを想定したQ&Aを事前に準備しておくのはも

ちろんのこと，一歩間違えば，消費者目線を欠いたメッセージとして受け取られ，かえって火に油を注ぐ結果になることもあるから，その内容については，外部弁護士等を交え，客観的な視点からのチェックを経ておくことが望ましい。

　そのほか，ケースバイケースの判断となるが，顧客に対する補償や謝罪の意思を示す目的で，自主的に商品代金の返金を行う，あるいは割引券等を交付することもある。ただし，この対応に関しても，「補償の金額が少ない」，「補償の対象が公平ではない」など，かえって消費者の反感を招く可能性もあるため，どのような対応が適切なのか，慎重に検討する必要がある。なお，事業者が所定の手続に従って返金措置を実施した場合には，課徴金の額が減額される制度が存在する（景品表示法10条，11条）。しかし，これが認められるためには，計画を作成し，認定を受ける必要がある等の厳格な手続を経る必要があり，これまでのところ実際に活用された例は多くない。

5　当局対応

　当局対応に関する初動対応という点では，まず，課徴金対象行為に該当する事実を自主的に報告した場合に，課徴金の50％相当額を減額する制度（景品表示法9条本文）の存在が重要である。もちろん，この制度を利用することは課徴金対象行為があったことを自認するに等しいものであるため，実際に自主報告するかどうかは事実関係やその法的評価に照らして慎重に検討する必要がある。実際に課徴金の減額が認められている事例もあり，特に，他社に対してすでに同種事案の調査が行われているといった場合には，積極的な検討に値するといえる。

　ただし，自主報告が，自社の課徴金対象行為についての調査があったことにより，課徴金納付命令があるべきことを予知してされたものであるときは，このような減額は認められていない（景品表示法9条ただし書）。そのため，仮に当該制度を利用する際は，早期の検討が必要となる。

　消費者庁による調査が開始された後は，「情報を隠蔽している」といった懸

念を抱かれないように，当局からの求めに応じ，調査に積極的に協力し，資料等をタイムリーに開示していくことが重要である。一般に，消費者庁による初期段階の調査は，（景品表示法29条1項に基づく調査ではなく）任意調査として，面談等を経たうえで，書面報告を求める方法によって行われることが多い。消費者庁は，この報告を踏まえて，違反の疑いなしとして調査を終了するのか，あるいは指導で調査を終了するのか，さらに進んで，措置命令，課徴金納付命令といった行政処分に進むのかを判断する。そのため，この段階での対応は極めて重要であり，消費者庁への調査協力を通じて，不当表示に該当しないことや，仮に該当する場合であっても違反の程度が高くないことなどを主張し，措置命令を行う必要のない事案であることを積極的に説明していくことが求められる。

　その後，消費者庁が措置命令を検討する場合には，事業者に弁明の機会が与えられる（行政手続法13条1項2号）。しかし，この段階に至っては，（もちろん事後的に行政訴訟で争うことは可能だが）措置命令が行われること自体を回避することは難化しているため，上記調査の段階で積極的かつ説得的な説明をしていくことが効果的である。

Ⅲ　関係法令等

　不当表示における代表的な法規制は，景品表示法である。代表的な不当表示の例としては，優良誤認表示，有利誤認表示があるが，これ以外に，商品の原産国に関する不当な表示やおとり広告に関する表示等，内閣総理大臣が指定する不当表示が存在する（景品表示法5条3号およびこれに基づく「商品の原産国に関する不当な表示」や「おとり広告に関する表示」等の告示）。

　また，表示に関する法規制としては，景品表示法以外にも，たとえば，商品・サービスの生産地等の誤認表示について刑事罰等を定める不正競争防止法，通信販売等に関して誇大広告等を禁止する特定商取引法，健康保持増進効果等

に関する誤認表示を禁止する健康増進法，医薬品等に関して誇大広告等を禁止する薬機法，食品表示基準に従った表示がされていない食品の販売を禁止する食品表示法等，さまざまなものが存在する。

　特に，食品や医薬品の表示に関しては，景品表示法以外にも複数の法律が適用されることに注意する必要がある。

Ⅳ　再発防止策──初動対応の一歩先を見据えて

　景品表示法は，事業者に対し，表示に関する事項を適正に管理するために必要な体制の整備その他必要な措置を講じなければならない旨を定めている（景品表示法26条1項）。これを受けて内閣総理大臣が定めた「事業者が講ずべき景品類の提供及び表示の管理上の措置についての指針」において，事業者は，その規模や業態，取り扱う商品・サービスの内容等に応じ，必要かつ適切な範囲で，以下の7項目の事項に沿うような具体的な措置を講じる必要があるとしている。

---

① 景品表示法の考え方の周知・啓発
② 法令遵守の方針等の明確化
③ 表示等に関する情報の確認
④ 表示等に関する情報の共有
⑤ 表示等を管理するための担当者等を定めること
⑥ 表示等の根拠となる情報を事後的に確認するために必要な措置を採ること
⑦ 不当な表示等が明らかになった場合における迅速かつ適切な対応

　同指針は，事業者の実際の取組事例を参考にしており，同指針を参照しながら，表示に関する体制整備を行うことが，不当表示の再発防止にも有益である。

　たとえば，同指針の示す「①景品表示法の考え方の周知・啓発」は当然なが

ら重要である。不当表示は，現場の常識と消費者の認識の乖離から発生することが多く，コンプライアンス教育等を通じて，このような乖離を現場にも認識させる必要がある。たとえば，株式会社木曽路における牛肉の産地偽装が問題となった事案では，第三者委員会からコンプライアンス教育について以下の認識が示されている。

> 本件偽装に関与した料理長はいずれも，良い肉を提供していれば問題なし，との感覚で余り罪悪感がなかったようであるが，この感覚は，一般消費者の目線を全く失っていたといわざるを得ないということである。その背景には，日常業務のなかで，従来，先輩社員らがしてきたことに疑問を抱かず，当たり前のこととして行ってきたこと，いわゆる「組織の常識は社会の非常識」ということに気付かないまま業務が遂行されてきたことにあると考えられる。コンプライアンス教育においては，そのような間違いというべき認識の覚醒の意味も含め，外部者の意見も取り込めるような研修方法も検討されたい（2014年12月23日付株式会社木曽路第三者委員会作成の調査報告書47〜48頁）。

　また，同指針は，「不当表示等は，企画・調達・生産・製造・加工を行う部門と実際に表示等を行う営業・広報部門等との間における情報共有が希薄であることや，複数の者による確認が行われていないこと等により発生する場合がある。」という問題意識のもと，「④表示等に関する情報の共有」も必要であるとする。たとえば，株式会社阪急阪神ホテルズにおけるメニュー表示が問題となった事案では，以下の再発防止策が実施されている。

> ホテルの調理部門・サービス部門・購買部門の連携不足から，不適切なメニュー表示が発生したことを受け，調理部門・サービス部門・購買部門の連携を強化すると共に，メニューが完成段階に至ったときの最終確認・承認がルール化されていなかったことに鑑み，総支配人・調理部門長・サービス部門長・管理部門長の確認・承認を経て，メニューを完成させるルールを設定した（2014年1月31日付株式会社阪急阪神ホテルズ第三者委員会作成の調査報告書60頁）。

　過去，筆者の1人が勤務している株式会社ダスキンにおいても，景品表示法違反（優良誤認）により，消費者庁から措置命令を受けた苦い経験を有している。以後，改めて社内体制を再構築のうえ，事業部門と本社部門（品質保証・リスク管理部，法務・コンプライアンス部，広報部）において，全ての広告媒体についてダブルチェックを行っている。

　また，「広告・販促物等作成ガイドライン」を制定し，広告制作物に関与する担当者には毎年，研修受講を義務付けている。コロナ禍におけるデータ回覧システムの構築，人事異動に伴う引継ぎ，人材育成等，いくつかの課題は残されているが，"二度と同じ過ちを繰り返さない"との思いから，各部門が連携し，チームとして業務にあたっている。

■第11章

カルテル・談合

　第11章では，独禁法違反の一類型である不当な取引制限のうち，カルテル・談合をテーマとする。社内調査の結果，競争事業者との間でカルテル・談合を行っている可能性があることが判明したという典型的な事例を題材に，あるべき初動対応と押さえておくべき法令を解説する。

事例	大手衣料品メーカーであるＸ社は，自社で製造した各種の衣料品を，商社や問屋などの流通事業者を通じ，各地の大手量販店やショッピングセンター，各種販売店に供給している。Ｘ社が，法務部主催の独禁法コンプライアンス研修を実施したところ，子供服事業部の担当者Ａ氏より，事業部内で最近交わされた会話に独禁法の観点から気になる点があるので相談したいとのメールが寄せられた。 　取り急ぎ法務部員がＡ氏に電話で話を聞いたところ，①子供服事業部では，昨年，原材料価格の高騰によるコスト増を価格に転嫁するために値上げを実施した，②この値上げに関し，子供服事業部長のＢ氏が，「ここだけの話，この前の値上げに関しては，他の大手メーカーであるＹ社およびＺ社の事業部長とあらかじめ握っておいたので足並みを揃えてうまく切り抜けることができたんだよね」という趣旨の自慢話をしていることが分かった。

【登場人物】
X社：大手衣料品メーカー
A：X社の子供服事業部の担当者（相談者）
B：X社の子供服事業部長（Aの上司）
Y社：X社の競合衣料品メーカー
Z社：X社の競合衣料品メーカー

初動対応チェックリスト

(1) 最初に行うべき対応
　① 他社とのやりとりの有無・内容を中心とした疑わしい行為の概要の把握
　② 関連し得る商品の売上規模・市場全体の規模の把握
　③ 海外（特に米国）における売上の有無の把握
(2) 調査チームの組成
(3) 証拠保全・収集
(4) 当局対応

I ┃ カルテル・談合事案への対応のポイント

　カルテル・談合とは，一言でいえば競争相手との間で話し合いを行うなどして自由な競争を歪める行為を指し，各国の競争法において特に厳しく禁止されている。こうしたルールに反してこれらの行為が行われた場合，関与した事業者や個人は，各国の競争法に基づいて，制裁金を課されたり，刑事罰を受けたりすることになる。

　カルテル・談合により企業が受ける影響は，こうした競争法に基づく直接の制裁にとどまらない。カルテル・談合に関与した企業は，その商品の販売先，ユーザーである需要者や発注元の官公庁から，カルテル・談合により被った損害を賠償するよう損害賠償請求を受ける可能性があり，その請求額はしばしば高額となる。また，近年ではカルテル・談合をはじめとする競争法違反の行為

に関与することでその企業が被った損害（典型的には支払った課徴金額や損害賠償金額）を，当時経営に関与していた役員に請求する株主代表訴訟が提起される例も見受けられる。

　以上のほか，カルテル・談合を行ったことが発覚した場合，その企業は，官公庁から公共入札における入札応募資格の一時停止処分を受けたり，コンプライアンスを重視する取引先から取引関係の見直しを求められたりする例も多い。これらは通常，企業の事業展開にとって大きな制約となる。

　このように，カルテル・談合への関与が発覚した場合，当該企業やその関係者は，巨額の制裁金や刑事処分を受ける可能性があるだけでなく，取引先や株主といったステークホルダーから多種多様な責任追及を受ける可能性もある。さらに，事業展開を制約され多大な不利益を被る可能性もある。

　企業としては，カルテル・談合はこうした深刻な結果をもたらす違法な行為である旨を役職員に周知徹底し，役職員がカルテル・談合に決して関与することがない態勢を構築することが最も重要である。しかし，現実問題として，ビジネスにおいては同業他社の役職員との接触を皆無にすることは難しいことが多く，カルテル・談合のリスクは常に存在する。企業としては，仮に自社の役職員がこうした行為に関与していることが判明した場合，適切に対処することによって，生じる不利益を最小化する対応が不可欠である。

Ⅱ　初動対応

1　最初に行うべき対応

　冒頭の事例のようなケースにおいて，最優先で行うべきは，①他社とのやりとりの有無・内容を中心とした疑わしい行為の概要，②関連し得る商品の売上規模・市場全体の規模，③海外（特に米国）市場での直接または間接的な販売の有無といった，今後の対応の方向性を左右する重要な事実関係の把握である。

また，カルテル・談合に関しては，後に述べるとおり，課徴金減免制度（リニエンシー制度）が存在することから，同制度を利用するかどうかについても，当初から念頭に置いておく必要がある。

　カルテル・談合が発覚する経緯はさまざまであるが，公正取引委員会（以下「公取委」という）や海外の競争当局による調査に先立ち，疑わしい事情が判明する場合と，公取委や海外の競争当局による調査が開始されることで初めて事情を把握する場合の2通りがある。事例のケースは，このうち前者の場合ということになる。

　当局による調査が開始される前にカルテル・談合が存在するのではないかとの疑いが生じる場合としては，事例のケースのように，疑いがあるやりとりを見聞きした役職員からの情報提供がきっかけとなる場合が典型例であるが，社内監査により疑わしい行為が発見される場合もある。

　カルテル・談合に関与しているのではないかと思われる事情が発覚した場合，その情報に接した法務部門やコンプライアンス部門としては，今後の対応方針を定めるために，何よりもまず，関係者への初期的ヒアリングを行い，カルテル・談合の嫌疑がどの程度存在するのかを把握しなければならない。また，カルテル・談合においては，関連する商品の売上高に応じて課徴金額が大きく変わるほか，刑事事件に発展するかどうかの予測の観点から市場全体の規模も重要な事情である。したがって，これらの事情についても早期の把握が不可欠である。

　さらに，カルテル・談合においては，その商品が，海外，とりわけ米国市場において直接または間接的に販売されているかどうかが非常に重要である。米国においてはカルテル・談合は原則として刑事事件として取り扱われ，関与した個人の責任が問われることが通例であるため，米国市場への影響がある場合には，とりわけ深刻な事態として捉える必要がある。また，米国以外の国においても，その国に影響がある限り，その国の当局が違反事件として調査をする可能性は常にある。

　このことから，その商品が海外でも販売されているかどうかについては早期

に確認したうえで，仮に海外における売上が存在する場合にはこれを前提とした対応を行う必要がある。なお，海外における売上の有無の判断にあたっては，日本のメーカーに材料や部品を販売し，その材料や部品が組み込まれた商品が当該メーカーから海外に輸出されている場合も，その国における売上として勘案することになるため注意が必要である。

　前述のとおり，自社がカルテル・談合に関与していたことについて，当局による調査が開始されて初めて把握する場合も多い。リニエンシー制度の導入により，公取委および各国の競争当局には，従前にも増してさまざまな事業者からカルテル・談合の調査の端緒となる情報が寄せられている。

　公取委および各国の競争当局は，これらの申告のなかから特定の事案を取り上げ，関係事業者に対し，一斉に，立入検査を行ったり，関連情報の提出要請を行ったりする。当局に対して自主的な情報の提供を行っていなかった企業にとっては，こうした当局による調査開始が，カルテル・談合に関与していた事実を認識する最初のタイミングになり，この場合は，当局への調査対応と社内での事実把握のための調査を並行して実施しなければならない。したがって，この場合には調査開始前に事実関係を把握していた場合に比べ，初動段階の対応の負担が重くなる。

　以上を踏まえ，事例のケースにおいては，A氏からのヒアリングを終えた後，できる限り速やかに，以下の対応を行う必要がある。

---

①　子供服事業部長のB氏および子供服事業部内の他の従業員へのヒアリングや社内資料，メール等の初期的なレビューを通じて，B氏とY社およびZ社の事業部長との間のコミュニケーションの有無，概要を把握する。

②　自社の子供服商品のうち，Y社およびZ社と競合する商品の売上高および同種の商品の市場全体の規模を把握する。

③　自社の子供服商品のうち，Y社およびZ社と競合する商品の海外売上の有無および売上高を把握する。

2　調査チームの組成

　自社がカルテル・談合に関与している疑いが浮上した場合，1で述べた緊急で実施すべき重要な事実関係の確認と並行して，事案調査を行う調査チームを組成する必要がある。

　すでに述べたとおり，カルテル・談合により企業が受ける影響は甚大であり，カルテル・談合をめぐる法令は，一見単純なように見えて，先例や当局の運用を理解していなければ正しく理解することができないことが多い。また，カルテル・談合においては，リニエンシー制度の効果的な活用や当局との折衝を通じて損害を大幅に軽減することが可能であることが多く，かつそうした対応が重要となる。

　このことから，自社がカルテル・談合に関与している疑いがある事情が判明した場合，調査チームのメンバーを社内メンバーのみとすることは得策でない。特段の事情がない限り，同種事案への対応に精通した弁護士に速やかに相談をし，その弁護士を加えた形での調査チームを発足させるべきである。とりわけ，国内のみで対応が完結しない案件では，対応を誤ると莫大な罰金を科せられたり，個人が懲役刑に処せられたりすることが少なくなく，欧米を中心とした各国のカルテル・談合の対応に精通した弁護士と案件の最初期から緊密な連携を行わなければならない。

　弁護士の選定後は，現時点で把握している事実および関連する資料を簡潔に整理したうえで，リニエンシー申請の有無を含む今後の対応方針について，一刻も早く弁護士を交えた調査チームのメンバーにより協議を行うことが求められる。

　事例のケースにおいても，上記に従い，法務部が中心となりつつ，カルテル・談合の対応に精通した外部弁護士を交えたうえで，調査チームを発足させ，今後の対応方針について検討を進める必要がある。

3　証拠保全・収集

　カルテル・談合の疑いがある事実が判明した場合，企業はただちに証拠資料を保全するために必要な手配を行わなければならない。資料保全は大きく2つの観点から必要となる。

　第1は，リニエンシー制度を利用する際に有用な資料を確保するという観点である。リニエンシー申請が認められるためには，原則として，競争当局が未だ把握していない事実等を報告していくことが求められる。この点，どの程度の情報提供が必要となるかは申請のタイミングや順位とも関係するが，一般に，提供した情報が詳細かつ具体的であればあるほどリニエンシー申請が認められたり，企業に対する制裁が軽減されたりする可能性が高まるため，企業としては，関連する資料をただちに保全しておく必要性が高い。

　第2の観点は，当局から調査妨害を疑われる事態を回避するという観点である。まず，日本の競争当局である公取委との関係では，公取委による調査のための強制処分または立入検査に際し，事件に関係する資料を改ざんまたは破棄した場合，独禁法94条4号または同法94条の2に基づき，検査妨害等の罪を犯したものとして，刑事罰の対象となり得る。

　さらに，この観点は，国際的なカルテル・談合の案件，とりわけ米国競争当局が調査に関与している案件において特に留意が必要となる。すでに触れたとおり，米国ではカルテル・談合の調査は原則として刑事手続として行われ，当局による調査開始後に，事件に関連する資料を改変または破棄した場合，司法妨害（obstruction of justice）として厳しい処罰の対象となり得る。実際に，2010年代に多くの日本企業が対応に追われることになった自動車部品をめぐるカルテルの事案においても，米国当局による調査が開始されたことを認識した従業員が関連する資料を破棄したことが司法妨害であると認定された例があり，そうした事例では，企業への制裁金の算定にあたっても，当該従業員個人の責任追及にあたっても，司法妨害の事実を考慮した厳しい処罰が行われることになる。

　以上のように，カルテル・談合の事案においては違反行為に関係する資料について調査開始時のままの形で保全しておく必要性が高い。一般に，カルテル・談合の違法行為に関与した者としては，関連する証拠について，一刻も早く消し去りたいという誘惑に駆られることがあり，また関連する書類や電子メールを，事柄の重要性を認識せずに軽い気持ちで破棄，消去してしまうことも少なくない。

　このため，カルテル・談合への関与が疑われる事情を認識した場合，企業としては，実務上可能な限り速やかに，関連する一切の書類，関係者の手帳や他社の名刺，コンピュータ上のデータに関し，破棄や改ざんを禁止する旨の通知を発出するとともに，その時点での情報を確実に保全すべく，専門のフォレンジック業者に依頼してサーバーや個人のコンピュータ上のデータを保全する措置を開始する必要がある。

　事例のケースにおいては，前記1において述べた事案判明直後の事実調査において，一定の嫌疑があると判断される場合，法務部としては，ただちに子供服事業部に対し，関連する一切の書類，コンピュータ上のデータに関する破棄や改ざんを禁止する旨の通知を行うとともに，調査チームの打ち合わせにおいて，フォレンジック業者の起用を含めた更なる対応について検討すべきである。

　なお，書類やデータの収集後は，ただちにこれらの内容を精査する必要があるが，競合他社とのやり取りや社内の情報共有には，一見して違法行為であることが分からないように何らかの隠語が用いられることも少なくない。

　そのため，事実を解明するためには，カルテル・談合に関与した者の協力が必須である。法務部・調査チームとしては，そうした違法行為が企業に与える影響や個人の刑事罰，とりわけ米国においては個人が刑務所に収監される可能性が高いことを認識させ，調査に全面的に協力することの重要性を早期に社内に行き渡らせることが重要である。

4　当局対応

　カルテル・談合における初動対応としては，社内での各種対応と並行して，公取委をはじめとする当局との間での対応を適切に行うことが極めて重要である。カルテル・談合事案において初動で行う必要がある当局対応としては，大きく分けると，①リニエンシー申請の検討と，②立入検査への対応が特に重要である。

　事例のケースのように，立入検査が行われるより前に疑わしい事情が発覚した場合には，初動対応としてはいったん①の検討を行うことになる。他方で，当局による立入検査が行われて初めてカルテル・談合の疑いがある事情が存在することが判明した場合には，まず②立入検査の対応を行いつつ，本Ⅱで述べた１最初に行うべき対応，２調査チームの組成，３証拠保全・収集を進め，一定の嫌疑があると判断され次第，実務上可能な限り速やかに①リニエンシー申請の検討を行うことになる。すなわち，この場合には，初動対応として①と②の双方をほぼ同じタイミングで行わなければならない。

(1)　リニエンシー申請の検討

　リニエンシー制度とは，カルテル・談合をしていた事実を自主申告した場合に，処罰を減免する制度であり，世界各国で導入されている。なお，日本の独禁法のもとでは，課徴金減免制度と呼ばれている。リニエンシー制度の効用は非常に大きく，日本を含む多くの国や地域において，当局の調査が開始されるより前に違反行為を最初に報告した企業は一切の処罰を免れる。また，当局の調査が開始されて以降に申請を行ったり，２番目以降に申請を行ったりした企業も処罰内容が大幅に軽減されることが一般的である。

　したがって，カルテル・談合の疑いがある事案においては，リニエンシーの検討を適時に的確な形で行うことが極めて重要である。以下においては主として日本におけるリニエンシー制度である課徴金減免制度を念頭に説明を行うが，他の国や地域においても基本的な考え方は同様である（ただし，国によって考

え方が異なる点も少なくない（たとえば，時効の考え方など）ことから，実際の対応にあたってはその国の弁護士との協議が必須であることには注意が必要である）。

　日本においてもリニエンシー申請は，立入検査より前に行われる場合（調査開始前の申請）と，立入検査後に行われる場合（調査開始後の申請）とに分けられる。立入検査前に最初にリニエンシーを申請した企業は，課徴金を免れることができるほか，刑事処罰の対象にもならないという極めて大きなメリットを受けることができる。また，立入検査前の2番目以降にリニエンシーを申請したり，立入検査後にリニエンシーを申請したりした場合においても，その後の公取委の調査への協力度合いも加味したうえで，大幅な課徴金の軽減を受けることができる。

　一般にリニエンシー制度においては，公取委への申請が早ければ早いほど有利な軽減を受けることができる可能性が高まるため，カルテル・談合の疑いがある事実を把握した企業としては，リニエンシー申請の要否をただちに検討し，申請をすべき場合には，一刻も早く対応を進めなければならない。一般に，公取委による立入検査を契機にカルテル・談合の疑いがある事実を把握した場合，自社が関与している疑いがあれば，リニエンシーを申請することが合理的である場合がほとんどである。

　これに対して，公取委による立入検査に先立ってカルテル・談合の疑いがある事実を把握した場合，リニエンシーを申請すべきかどうか悩ましい場合も少なくない。いずれにせよ，リニエンシーの申請の要否に関しては，速やかに検討を行い，実施すべきと判断した場合には，申請に向けた対応を速やかに実施すべきである。

　リニエンシーを申請する局面において主として必要となる対応は以下のとおりである。それぞれの対応はこの順序で行わなければならないものではなく，一刻も早く対応を進める観点から各対応を並行的に進めていくことになる。

① 　課徴金減免管理官に対して，その時点で当該商品や役務についてリニエン
シーを申請した場合，申請順位はどのようになるかを確認する。
② 　適切な申請様式を選択し，必要事項を記入する（対応にあたって事実関係
の把握および事実関係を基礎付ける資料の収集が必要となる）。
③ 　企業としてリニエンシーを申請する旨の意思決定を行う。

　検討の結果，リニエンシーを申請する必要はないという判断に至った場合も，
後にその判断の合理性が問われる可能性があることから，こうした判断に至っ
た経緯について記録を残しておく必要がある。なお，公取委による立入検査が
行われた事案において，速やかにリニエンシーを申請することが適切であった
にもかかわらずそれを怠ったとして役員責任が問われ，役員らが企業に対して
巨額の和解金（約5億円）の支払いを余儀なくされた事例も存在する。こうし
た点も踏まえ，リニエンシー申請の要否の検討は適時かつ的確に行うことがで
きるよう細心の注意が必要である。

　事例のケースにおいても，初期的な事実関係の調査の結果，子供服事業にお
いてY社およびZ社との間でカルテルが行われていた可能性が高いことが判明
した場合，調査チームとしては，外部弁護士とも協議のうえ，速やかに取締役
会などの然るべき場において，X社としてリニエンシー申請を行うかどうかの
意思決定を行う必要がある。

(2)　立入検査への対応

　公取委は，カルテル・談合の参加者からのリニエンシー申請や第三者からの
情報提供によりカルテル・談合が行われたとの合理的な疑いを有するに至った
場合，違反行為の摘発のために，立入検査を実施して関連する資料の確保等を
試みることが一般的である。立入検査は通常，独禁法47条1項4号に基づく行
政調査として実施されるが，市場規模や違反行為の態様を勘案した公取委の判
断によっては，独禁法102条1項に基づく犯則調査として行われることもある。
立入検査は事前の予告なく唐突に行われることから，立入検査を受けた企業と

しては，対応に右往左往することになる

　立入検査に際しては，通常，違反事実に関連する書類等について，公取委から，独禁法47条1項3号に基づき提出命令が発出され，公取委に留置されることになる。多くの場合，公取委は，違反事実に関連すると想定される書類やデータについて広く提出を命じようとする傾向があるため，提出により業務に支障をきたす場合も少なくない。したがって，企業としては，業務の継続性を確保する観点から，違反事実との関連性がなく，業務上の必要性が高い書類やデータについては，立入検査を行う公取委職員にその旨説明し，提出命令の対象から外してもらうよう求めることが必要になる。また，公取委に対して書類やデータを提出する際は，提出に先立ち最大限コピーをとることが望ましい。

　こうした対応は，業務の継続性の確保にも資するほか，その事案における事実解明にも資することになる（提出を求められる書類やデータは事件に関する公取委の見立ても考慮して選ばれたものであるため，提出した書類やデータのなかにカルテル・談合に関連する重要な情報が含まれていることも多い）。

　上記のほか，立入検査の現場においては，書類やデータについて，2019年独禁法改正と同じタイミングで導入された制度である「弁護士依頼者間通信秘密保護制度」に基づく取扱いを求める必要が生じることも考えられる。同制度は，課徴金減免の対象となる被疑行為に関する法的意見について，事業者と弁護士との間で秘密に行われた通信の内容を記録した物件で所定の要件を満たすことが確認されたものについて，公取委の審査部門に対してその内容の秘密性を確保するための制度である。ここでは同制度の詳細には立ち入らないが，同制度の適用を受けるためには，立入検査の現場において，同制度に基づく取扱いを求める旨の申出書を提出しなければならないため注意を要する。

　以上のように，立入検査の際は，現場に臨場した公取委職員に対して，さまざまな要望を伝えたり，申し出を行ったりする必要がある。このことから，カルテル・談合の嫌疑に基づいて立入検査を受けた場合，企業としては，可能な限り速やかに専門の弁護士を依頼し，その弁護士の立会いを依頼することも重要な初動対応となる。

　事例のケースは，子供服事業におけるカルテルの嫌疑について，幸いにして公取委による立入検査を待たずして発見されていることから，まずはリニエンシー申請の検討が先決であり，初動対応として立入検査対応を行う状況ではない。もっとも，このケースにおいても，X社がリニエンシー申請を行い，公取委が当該事案を正式に取り上げることになった場合には，将来的にX社に対する立入検査が行われることもあり得る。そのような状況においては，上記のような点に留意する必要がある。

Ⅲ　関係法令等

　カルテル・談合を禁止するルールは，多くの場合，各国法令のうち，独禁法や競争法と呼ばれる法令に定められており，国ごとに多少異なるものの，基本的な考え方は共通している。以下では，日本の独禁法を例に，カルテル・談合に関係する規定について説明する。

(1)　要　件

　Ⅰにおいては，カルテル・談合について，競争相手との間で話合いを行うなどして自由な競争を歪める行為と述べた。両者の区別は必ずしも明確でない場合もあるが，カルテルとは，価格や供給量等を同業者間で協定し，競争を回避する行為であるのに対し，談合とは，入札において，入札参加者間で受注すべき者を決定し，他の入札参加者は受注すべき業者が受注できるように協力する行為といえる。

　日本では，カルテル・談合は，独禁法2条6項の定める不当な取引制限（「事業者が，契約，協定その他何らの名義をもつてするかを問わず，他の事業者と共同して対価を決定し，維持し，若しくは引き上げ，又は数量，技術，製品，設備若しくは取引の相手方を制限する等相互にその事業活動を拘束し，又は遂行することにより，公共の利益に反して，一定の取引分野における競争を実質

的に制限すること」をいう）に位置付けられ，同法3条後段によって禁止されている。また，公共入札に係る談合行為については，入札談合等関与行為防止法（いわゆる官製談合防止法）や刑法における公契約関係競売等妨害罪（刑法96条の6第1項），談合罪（同96条の6第2項）が適用されることもある。

(2) 効 果

　カルテル・談合を行った場合に企業が受ける影響は多岐にわたる。最も典型的なものは，独禁法7条に基づく排除措置命令および独禁法7条の2第1項に基づく課徴金納付命令である。

　典型的な排除措置命令では，違反行為が終了している旨を確認することを取締役会において決議すること，社内外の関係者に対してその決議を行った旨を周知すること，違反行為を将来にわたり行わないこと，違反行為が再発することがないように必要な措置を策定・実施することが求められる。また，課徴金納付命令に基づいて納付が命じられる課徴金額は，概ね，カルテル・談合の実行としての事業活動が行われた期間（調査開始日から最長10年前までさかのぼる）の売上高に課徴金算定率（原則として10%）を乗じて得た額であり，売上額が大きい事業において行われたカルテル・談合においては1つの企業に対して100億円以上の課徴金納付が命じられた例もある。

　また，カルテル・談合では，関与者に刑事罰が科せられる可能性がある点にも留意が必要である。具体的には，公取委から検事総長に対する刑事告発（独禁法74条。なお，刑事告発を行うか否かについての公取委の方針として，「独占禁止法違反に対する刑事告発及び犯則事件の調査に関する公正取引委員会の方針」が存在する）を経て，捜査・起訴され，独禁法89条1項に基づき，5年以下の懲役または500万円以下の罰金が科せられ得ることになる（企業の役職員がカルテル・談合を行った場合には，その違反行為をした個人が同様に罰せられるほか，その企業に対しても独禁法95条に基づき5億円以下の罰金刑が科せられる）。2022年7月現在，独禁法違反のみを理由として個人に実刑が科された事例はなく，いずれも執行猶予が付されている。ただし，近時の独禁法強化の流れのな

かで，近い将来実刑判決が下される可能性は否定できない状況にある。

Ⅳ　再発防止策——初動対応の一歩先を見据えて

(1)　概　要

　他の不祥事の際の対応と同様，カルテル・談合が発覚した場合にも，事案の発覚後，調査チームや内部調査委員会，第三者委員会による事実調査および原因究明を経たうえで，適切なタイミングにおいて再発防止策を検討することになる。カルテル・談合の案件において典型的にとられる再発防止策は，競争事業者との接触をはじめとしてカルテル・談合につながりやすい行為を規律するガイドラインの策定，独禁法に関する役職員に対する研修の強化であり，一般的な不祥事対応の際の再発防止策と共通する点は多い。

　以下では，カルテル・談合の事案における再発防止策に特徴的と考えられる留意事項について簡単に説明する。

(2)　企業としてカルテル・談合を一切許容しない旨の意思表明

　一昔前と比べ，日本企業の役職員の間では，カルテル・談合は許されないものであるという認識は確実に広がっている。しかし，近時においても，設例の事案のように，商品やサービスの価格を値上げする際に競合他社とコミュニケーションをとるなど，役職員が企業のために良かれと思ってカルテル・談合に手を染める例は時折見られる。他の不祥事の例と比べ，カルテル・談合の事案においては，関与した役職員が，前任者からの引継ぎや社内で自らに課せられた職責の一環として違反行為に手を染めることが多く，私腹を肥やすために違反行為が行われることは稀である。

　役職員が企業のために良かれと思ってカルテル・談合に手を染めるような状況が生じる背景には，カルテル・談合を行ったとしても，前任者から引き継がれたり，自らに課せられたりした職責の一環であったりするのであればやむを

得ないものであり，企業としてもこれを許容するのではないかという思いがあるものと考えられる。したがって，カルテル・談合の事案における再発防止策としては，他の不祥事案にも増して，カルテル・談合は企業のためにならないばかりか損害を与えるものであって，企業として一切許容することはない旨を明確に態度表明することが重要である。

　再発防止策の提言のなかに上記のような視点を盛り込んだ実例として，世紀東急工業株式会社のアスファルト合材に関する価格カルテル調査委員会による2019年12月9日付「調査報告書」が存在する。同調査報告書においては，再発防止策に関する提言として，他の項目と並び，「価格カルテルは会社の利益にならないことの周知，徹底」があげられている。

(3)　排除措置命令との関係

　カルテル・談合の事案においては，公取委によって違反行為が認定された場合，企業に対して排除措置命令が発出されることになる。Ⅲ(2)のとおり，一般的な排除措置命令の内容には，違反行為が終了している旨を確認することを取締役会において決議すること，その決議を行った旨を社内外の関係者に対して周知すること，違反行為を将来にわたり行わないこと，違反行為が再発することがないように必要な措置を策定・実施することといった内容となっており，排除措置命令を受けた企業は，排除措置命令の内容として，こうした再発防止策の実施を求められることになる。

　排除措置命令の内容として求められる再発防止策については，公取委によって細かな手続が定められており，一連の手続のなかで公取委の承認を得たり，公取委に報告を行ったりする必要があるほか，比較的短い期間（排除措置命令発出日から概ね3カ月程度）内に行うことが求められる点が特徴的である。なお，排除措置命令は行政処分であることから行政訴訟手続により争うことが可能であるが，行政訴訟が提起されずまたは終結することによって確定した排除措置命令のうち，主文に定められている措置に従わないときは，独禁法90条3号に基づき刑事罰の対象となることから，排除措置命令に基づいて求められる

再発防止策は刑事罰によって強制されている面がある。

　このようにカルテル・談合の事案においては，公取委によって違反行為が認定された場合，排除措置命令において再発防止策の実施が求められることになることから，企業として再発防止策を検討・実施するに際しては，排除措置命令の内容との整合性をとる必要が生じる。したがって，公取委によって違反行為が認定される可能性があるカルテル・談合の事案においては，公取委による事件処理の進捗を横目に見つつ再発防止策の検討を行う必要がある。

(4)　カルテル・談合に関与した役職員に対する処分

　上述のとおり，カルテル・談合は，役職員が企業のために良かれと思って手を染める例が多いため，企業が違法行為を行った役職員を処分するのに躊躇するケースが多くみられる。この点，事案によっては酌むべき事情がある場合もあるが，一般的には，カルテル・談合という行為を企業として一切許容しない姿勢を社内外に示すためには，毅然とした態度を取り，適切な処分をすることが求められる。

■第12章

海外贈収賄

第12章では，海外贈収賄をテーマとし，その典型例である許認可取得を目的とした賄賂の支払を題材に，あるべき初動対応と押さえておくべき法令を紹介する。

<table>
<tr><td>事例</td><td>　大阪市に本社を置くＡ社は，新興国のＢ国でお好み焼きのレストランチェーンを展開している。Ｘ氏は，Ａ社の駐在員としてＢ国支店に赴任したところ，前任者より，「この国では飲食店の営業許可を取得するのに通常１年以上を要するが，地方政府で許認可を管轄する担当者に賄賂を渡せば，３から４カ月で営業許可を取得できる。Ｂ国では，飲食店の営業許可を取得するために賄賂を渡すことが商慣習となっており，Ｂ国の各支店では，これまでも，管轄する地方政府の担当者に現金を手渡してきた。」旨の引継ぎを受けた。Ｘ氏は，前任者からの引継ぎの内容に疑問を抱き，Ａ社の本社コンプライアンス部に通報した。</td></tr>
</table>

初動対応チェックリスト

(1) 最初に行うべき事実確認
　① 贈賄行為の5W1Hの確認
　② 事案の広がりの確認
　③ 現地法に加え，日本の不正競争防止法，FCPA，UKBAなどいかなる法域の法令が適用されるかの確認
(2) 調査チームの組成
(3) 証拠の保全・収集
(4) さらなる贈賄行為の防止
(5) 当局対応
(6) 公表の要否の検討

I 海外贈収賄事案への対応のポイント

　令和の時代に入っても，新興国では，公務員に対する贈賄行為や公務員からの賄賂の要求が横行し，グローバルでビジネスを展開する日本企業にとって，海外贈収賄は身近なリスクといえる。これらの国においても，贈収賄を禁止する法律は存在し，また，贈収賄が根強く残る商慣習のなかでもその一掃を目指し法の執行を強化している場合もある。さらには，一部の国では，民間企業の役職員等に対する贈賄等の商業賄賂が処罰されることもある。

　加えて，日本の不正競争防止法の外国公務員贈賄罪，米国の海外腐敗防止法（Foreign Corrupt Practices Act）（以下「FCPA」という）や英国の贈収賄法（Bribery Act）（以下「UKBA」という）は，外国の公務員等（後記Ⅲ 1 (1)(イ) および同 2 (2)のとおり，公務員に準じる者を含む）に対する贈賄行為につき国境を越えて適用される。不正競争防止法の外国公務員贈賄罪は両罰規定により法人も刑事罰の対象となるほか，FCPAやUKBAにより，日本企業が巨額の制裁金を課せられたり，贈賄に関与した者が実刑に処せられたりする可能

性もあり，海外贈収賄は日本企業にとって無視できないリスクである。

　このように，国境を越えた複数の法令が問題となり，現地国だけでなく，日本や欧米の当局対応を余儀なくされる場合がしばしばある。したがって，そうした複雑な状況に臨機応変に対応できる調査チームの組成が対応の鍵となる。

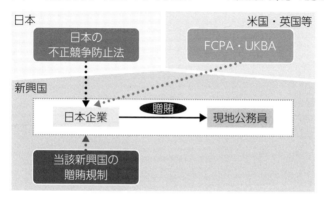

Ⅱ　初動対応

1　最初に行うべき事実確認

　冒頭の事例のようなケースにおいて，最優先で行うべきは，①通報等で得られた贈賄の事実の5W1Hの確認，②それを踏まえた事案の広がりについての見立て，③日本の不正競争防止法やFCPA，UKBAが適用される可能性のある事実の有無の確認である。

　まず，①通報等で得られた贈賄の事実の5W1Hを可能な限り明らかにする必要がある。発覚の端緒が，自ら贈賄に関与していた従業員からの申告による場合には，通報等に関する事実に一定程度の信ぴょう性がある。したがって，申告者に対するヒアリングをただちに実施して，以下の事実関係を確認すべきである。

---

(1)　時期（いつ頃からいつ頃まで）

(2)　誰が・どの部署において

(3)　どこで（賄賂を渡した物理的な場所）

(4)　誰に対し（賄賂を渡していた相手の氏名・所属部署・役職）

(5)　何を（現金・物品・サービス，これらの経済的価値）

(6)　どのような方法で（直接公務員に渡したのか？それともコンサルタント等を介してか？賄賂の原資はどのように捻出したのか？どのような会計処理を行ったのか？）

　冒頭の事例のように，贈賄を行っていたという事実が前任の駐在員等からの伝聞であるような場合には，まずは，申告を行った駐在員から，前任者から引継ぎを受けた際の状況や前任者の言動について詳細に聴取するとともに，贈賄行為を裏付ける客観的資料（裏帳簿や現金交付リスト等）の引継ぎを受けていないかを確認する。そのうえで，前任の駐在員や（贈賄を認識している可能性が高い）ほかの者へのヒアリングを実施することとなる。この際，客観的資料が十分に収集できていない状況でヒアリングを実施すれば，証拠隠滅や口裏合わせを誘発しかねない。したがって，こうした周辺者へのヒアリングは，後記3で述べるとおり，客観的資料を十分に収集し，できるだけ外堀を埋めた状態で行うことが望ましい。

　贈賄行為の5W1Hを初期的に確認した後は，その結果を踏まえ，②事案の広がり（時間的広がり・場所的広がり・人的広がり）を見極めなければならない。どのような事案でも，「広がり」が確定的に判明するのは調査の末期であるが，初動対応の段階から事案の広がりを意識し，初動対応で判明した事実から可能な限り正確に事案の広がりを見積もるよう努めねばならない。

　次に，③どの国の法令が適用されるのかを見極める必要がある。冒頭の事例においては，まず，当然ながら，現地B国の法律が適用される。現地の法律については，表面的な文言の確認だけではなく，その解釈・運用，さらには執行状況の確認が必要である。加えて，日本企業であるA社は，日本の不正競争防

止法の外国公務員贈賄罪の適用を受けることになる。さらには，FCPA，UKBA等の域外適用の有無にも注意を払わねばならない。その見極めとしてキーになる事実は，米国や英国の企業や経済にどのような影響を与えているかであり，たとえば，米英の法人や米国人・英国人の関与等の事実がないかを早急に確認する必要がある（後記Ⅲ2(1)も併せて参照されたい）。

　もちろん，どの国の法律が適用されるかは，起用すべき弁護士の選定にも直結する。外部弁護士を活用し，各法域における弁護士依頼者間の秘匿特権（attorney client privilege）を確保する必要性も忘れてはならない。

2　調査チームの組成

　海外における贈収賄の疑いが判明した場合には，ほかの不正・不祥事事案と同様，適切なメンバーの調査チームを組成する必要がある。

　中心メンバーは，本社の法務・コンプライアンス部門のメンバーとなることが多い。しかし，海外贈収賄事案は，通常，問題行為が，日本国外に所在する役職員によって行われる。資料やデータなどの重要な証拠も，海外子会社や拠点に所在する場合が多い。こうした背景から，海外子会社等の実情を把握している現地の役職員は存在するか，現地での調査のリーダーを誰が務めるか，日本本社はどのように関与するかといった点を吟味していくことになる。

　調査チームに参加する部門として，法務・コンプライアンス部門以外に想起されるのは，財務部門およびIT部門である。財務部門は，現金の流れ，会計帳簿・現金出納簿等の記録を押さえるのに欠かせない。また，調査に欠かせない情報が電子的に保管されていることも多く，その保全・収集にはIT部門のサポートが不可欠である。

　海外贈収賄事案では，その深刻さや複雑さから，外部の法律事務所や会計事務所のサポートも必須である場合が多い。上記のとおり，現地法に加えて，日本の不正競争防止法，FCPAやUKBA等がいくつも重なって適用される可能性がある。分野としても，贈収賄そのものを規制する法令だけではなく，刑法・

刑事訴訟法，競争法，税法など複数の法分野の知識が求められる。

3　証拠の保全・収集

(1)　証拠の保全・収集の2つの目的

　海外子会社等で外国公務員に対する贈賄行為が行われた疑いが生じた場合，ただちに客観的証拠の保全・収集を行う必要がある。その理由は大きく2つある。

　第1に，社内調査を開始したことが不正を行った役職員に悟られると，証拠隠滅や口裏合わせを誘発して，事実の解明が困難となるからである。通常，賄賂の受渡しは秘密裡に行われ，違法行為が行われた直接の痕跡が残らないことが多い。したがって，贈賄行為が行われたか否かの認定は供述証拠を中心に行わざるを得ない場合が多いところ，解雇や刑事訴追を恐れる贈賄行為者は，事実を洗いざらい述べないことも多い。賄賂を供与した相手方である外国公務員への聴取りも事実上不可能なことが通常である。

　このような状況下で，事実関係を解明するためには，(2)で後述する資料・データの所在を把握し，速やかに収集することが必要不可欠となる。会計システム等がグローバルで管理されている企業においては，現地の会計・出納情報，Word，Excelのファイル，Eメール，チャット，Outlookのスケジュール等の電子データを，現地の関係者に知られることなく入手可能な場合もある。

　各種電子データについては，社内ルールにより保存期限が決められ，当該期限を過ぎると自動的に消去されることもあるため，早期のデータ収集・保全が重要となる（ただし，プライバシー・労働者保護や経済安全保障・輸出管理に関する法規制との関係で，情報収集に制約が無いかの確認は必要となる）。なお，データの収集状況や事案の広がりを踏まえて，外部業者を起用したデジタルフォレンジック調査が必要となる場合もある。

　第2に，海外当局対応の要請である。前述のとおり，海外贈収賄事案においては，現地の捜査当局のほか，日本，英米等の当局が，自国外でなされた贈賄

行為等につき日本の不正競争防止法，FCPA，UKBA等の法令を域外適用して
調査・捜査を行う可能性がある。仮に，FCPAが適用される可能性のある行為
に関する証拠の隠滅に及んだ場合，米国の司法妨害罪等の対象となる可能性も
ある。また，証拠保全の範囲が不適切・不十分である場合，米英等の当局と司
法取引を行う際に不利な材料となるおそれもある。

(2) 保全・収集するべき具体的資料

　事例のようなケースの場合，保全・収集すべき資料としては，以下のものが
考えられる。

〈証拠の収集リスト〉
① 　X社B国支店の過去の役職員（駐在員を含む）のリスト，人事関係資料（部
　署，役職，職掌）
② 　X社B国支店の会計帳簿（いわゆる裏帳簿を含む），現金出納簿
③ 　X社B国支店が取得した営業許可に関する資料（当局とのやりとりに関す
　る議事録や，営業許可申請日・許可日，当局担当者の役職，氏名等が分かる
　資料）
④ 　X社B国支店が第三者との間で締結している業務委託契約に関する契約書，
　覚書，入出金記録，その他委託業務にまつわるやりとり等
⑤ 　贈賄に関与した疑いのある役職員のメール，スケジュール（Outlook上の
　予定表等）およびPC・スマートフォン内のデータ

　収集すべき証拠として特に重要なのは，②会計帳簿（いわゆる裏帳簿を含
む）や現金出納簿等，財務・経理関係の資料（紙媒体の資料の原本のほか電子
データも含む）である。外国公務員に渡した賄賂の原資は，裏金として簿外で
捻出されることが多い。その場合，正規の会計帳簿とは別に，裏帳簿が作成さ
れているケースが多い。また，接待交際費，旅費，寄付金等の費目に付け替え，
「オモテ」で会計処理される場合もある。そこでは，「ラウンド数字」（端数の
ない金額）の現金が接待交際費等の費目で支出されている場合には怪しい，と

いうような経験に裏付けられた勘が求められる。

　また，贈賄行為が，現地子会社・拠点の役職員による外国公務員に対する直接の供与という形ではなく，コンサルタント等の第三者を介して行われるケースも少なくない。したがって，④海外子会社・拠点が第三者と締結している業務委託契約に関する契約書，覚書，当該第三者との間での入出金の記録，それにまつわるやりとり等の資料を保全・収集し，委託業務の内容や委託金額に不自然な点がないかを検討することで，事案の解明が進む場合もある。

海外拠点の役職員　　コンサルタント　　外国公務員

　さらに，海外贈収賄事案では，駐在員や役職員が本社の海外子会社担当役員等の経営陣に対し，贈賄を行うことについて相談し，了承を得ているというケースもあり得る。したがって，上記リスト⑤については，贈賄に関与した疑いのある駐在員に対するヒアリング等の結果，本社の経営陣等の関与の疑いが生じた場合には，駐在員だけなく本社の役職員のメール等も，確認の対象とすべきである。

　なお，メール等の保全を行う際には，プライバシー・労働者保護に関する法規制の観点から，対象者への通知や対象者からの同意の取得が必要か等は，国によって異なるため，事前に確認すべきである。加えて，現地で保全した情報・資料を国外に持ち出す場合，プライバシーや経済安全保障・輸出管理に関する法規制が適用される可能性があり，この点についても慎重にあたる必要がある。

4　さらなる贈賄行為の防止

　贈賄行為が行われている疑いが高い場合に，調査中に当該行為がさらに継続して行われることも防止する必要がある。しかし，事案によっては，現地の商

習慣により長年の贈賄行為が事業に染みついてしまっている場合もあり得る。また，贈賄行為を停止するにあたっては，従業員の生命，身体，自由への危険の可能性も検討する必要がある。こうした場合の対応は，現地の外部弁護士の協力が欠かせないことはもちろん，現地の日本大使館・領事館との相談も検討しなければならない場合もある。

5　当局対応

(1)　自主申告

　贈賄という類型においても，独禁法におけるリニエンシー制度と同様，当局に対し，自主申告を行うことにより，刑罰や制裁の軽減につながる可能性がある。したがって，贈賄行為が判明した場合には，早い段階で国内外の当局に対し自主申告を行うことの適否を吟味する必要がある。

　FCPAおよびUKBAにおいては，当局に対して違反行為を自主的に申告することが推奨されており，自主申告を行った事実は，制裁の軽減要素の1つとされている。2020年7月3日に米国司法省および米国証券取引委員会が公表したFCPAガイドラインの第2版（A Resource Guide to the U.S. Foreign Corrupt Practices Act Second Edition）には，企業が(1)違反行為を自主申告し，(2)捜査に全面的に協力し，(3)適時かつ適切な是正処置をとれば，原則として，当該企業に対する訴追は行われないことが規定されている。また，日本の捜査当局に，外国公務員贈賄罪について自主申告を行った場合，それが日本の刑法の自首に該当すれば，刑が減軽される可能性があり（刑法42条1項），それにより捜査当局の対応が穏当なものになることもある。

　もっとも，自主申告の結果，制裁の軽減を受けられるか，また，どの程度の軽減が認められるかは，当局の裁量も大きく，「読み」の問題であることも多い。それゆえ，先を読むことは非常に難しいが，自主申告を行うことが予期せぬ事業への影響を生まないかなど，そのインパクトは慎重に見立てていくことになる。自主申告を行うか否かは，常に悩ましい判断であり，個別具体的な事

案ごとにメリットとデメリットを勘案して判断していくしかない。

(2) 当局による調査・捜査への協力

　当局による調査・捜査がすでに開始している場合には，当局との関係をいたずらに悪化させないよう，当局からの資料提供依頼や関係者の事情聴取の要請には可能な限り応じるなど，調査・捜査への協力姿勢を示すことが重要である。そのうえで，速やかに社内調査を進め，その結果判明した事実関係を踏まえた処分・制裁の見通しを立て，それに基づき，違反事実を認めるのか，これを争うのかについて検討することになる。

6　公表の要否の検討

　海外贈収賄事案に関する公表については，当局の調査（本項では当局による捜査を含む）を踏まえて，公表することの適否，公表する場合の内容およびタイミングを慎重に検討する必要がある。筆者らの経験上，上場企業であっても，海外贈収賄の事案について，調査段階で公表するケースは少ない。秘匿特権や海外当局による調査との関係で，非公表とするメリットが公表するメリットを上回ることが多いからである。

　また，当局の調査が継続中の場合には，公表する内容次第では，当局の調査に影響を与える可能性があり，当局との関係にも悪影響を及ぼす可能性がある。そのため，仮に当局の調査中にリーク等によりマスコミ報道がなされたとしても，当局の調査が行われていることは認めつつ，詳細についてはコメントしない場合が多い。

　他方で，当局による処分の内容が決定した段階や刑事裁判に発展した場合等には，その段階で公表を行うケースもある。

Ⅲ 関係法令等

1 不正競争防止法

(1) 構成要件

不正競争防止法の外国公務員贈賄罪の構成要件は以下のとおりである。

> (ア) 何人も，(イ) 外国公務員等に対し，(ウ) 国際的な商取引に関して (エ) 営業上の不正の利益を得るために，その外国公務員等に，その職務に関する行為をさせもしくはさせないこと，またはその地位を利用して他の外国公務員等にその職務に関する行為をさせもしくはさせないようにあっせんをさせることを目的として，(オ) 金銭その他の利益を供与し，またはその申込みもしくは約束をしてはならない（不正競争防止法18条1項）。

(ア) 何人も（経済産業省の「外国公務員贈賄防止指針」（2021年5月改訂）（以下「本指針」という）24，36から39頁）

外国公務員贈賄罪が，誰の，いかなる場所における行為に適用されるのかについては，**図表12-1** のとおりである。後述のとおり，外国公務員贈賄罪には両罰規定が定められているため，法人にも適用される。なお，外国法人についても，例えば，会社法上の外国会社については両罰規定が適用され得るものと解されている（本指針37頁）。

【図表12-1】外国公務員贈賄罪の適用対象

	日本人	外国人
日本国内における外国公務員に対する贈賄行為	適用される	適用される
日本国外における外国公務員に対する贈賄行為	適用される	適用されない

(イ) 外国公務員等（本指針31から34頁）

　外国公務員等には，外国の政府または地方公共団体の公務員に加えて，①外国の政府関係機関の事務に従事する者や，②外国の公的企業の事務に従事する者等も含まれる（不正競争防止法18条2項）。①の外国の政府関係機関は，公共の利益に関する特定の事務を行うために特別に法令で設置された組織を指し，たとえば，米国の全米鉄道旅客輸送公社（Amtrak）やフランスの大学（universités）が該当する。②の外国の公的企業は，外国の政府・地方公共団体が議決権のある株式の過半数を所有，出資金額の総額の過半数を出資または役員の過半数を任命等している企業等のうち，その事業の遂行にあたり，特に権利およびそれに伴う利益を付与されているものを指す。

(ウ) 国際的な商取引（本指針24から25頁）

　「国際的な商取引」とは，貿易や対外投資など国境を越えた経済活動に関する行為を意味する。また，「国際的」は，①取引当事者間に渉外性（国境を越えた関係性）がある場合，②事業活動に渉外性がある場合のいずれかを意味する。

(エ) 営業上の不正の利益（本指針25から28頁）

　「営業」とは，単に営利を直接に目的として行われる事業に限らず，広く経済収支上の計算に立って行われる事業一般を含むと解されている。そして，「営業上の利益」とは，事業者がかかる「営業」を遂行していく上で得られる有形無形の経済的価値その他利益一般を指すと解されている。また，「不正の利益」とは，公序良俗または信義則に反するような形で得られる利益を意味しており，具体的には，贈賄を通じて，自己に有利な形で外国公務員等の裁量権を行使させることまたは違法な行為をさせることによって獲得する利益を指すと解されている。

(オ) 金銭その他の利益（本指針29頁）

　「金銭その他の利益」とは，財産上の利益にとどまらず，人の需要・欲望を

満足させるに足りるものであれば該当すると解されている。そのため，金銭や財物以外にも，家屋・建物の無償貸与，接待・供応，担保の提供などの財産上の利益や，職務上の地位などの非財産的利益を含む一切の有形・無形の利益がこれに該当すると解されている。

(2)　罰則の内容

　外国公務員贈賄罪の法定刑は，5年以下の懲役若しくは500万円以下の罰金またはこれらを併科である（不正競争防止法21条2項7号，18条1項）。また，同罪には法人の両罰規定が存在し，法人の代表者，代理人，使用人，その他の従業員等が当該法人の業務に関し違反行為を行った場合には，その法人に対しても，3億円以下の罰金刑が科される（同法22条1項3号）。なお，罰金刑にあたる罪の公訴時効は通常は3年であるが（刑訴法250条2項6号），外国公務員贈賄行為につき法人または人に罰金刑を科す場合の公訴時効は，5年に伸長されることには注意を要する（刑訴法250条2項5号，不正競争防止法22条3項）。

2　FCPA

　FCPAは，贈賄禁止条項（anti-bribery provisions）および会計・内部統制条項（accounting and record-keeping provisions）の2種類の規制により主に構成されている。本章では，日本企業との関係でより問題となる場面の多い贈賄禁止条項を取り上げる。

(1)　贈賄禁止条項の適用範囲

　贈賄禁止条項は，①発行者（issuer），②国内関係者（domestic concern），③米国内で行為の一部を行った者，および④共謀（conspiracy），幇助・教唆（aiding and abetting）行為を行った者に適用される。なお，会計・内部統制条項は，①「発行者」に適用される。

① 「発行者」(issuer) とは，以下の者である。

　(i)　1934年証券取引法12条に基づき証券を登録している者，または，同法15条に基づきSECに対する報告義務を負っている者（米国の証券取引所に上場している企業が該当すると解されている）

　(ii)　(i)の役員（officer, director），従業員（employee）およびエージェント（agent）

　(iii)　(i)を代理して行動する株主（stockholder）

② 「国内関係者」(domestic concern) とは，以下の者である。

　(i)　米国市民，米国国籍を有する者，米国居住者である個人

　(ii)　米国内に主たる事業所を置くか，または，米国の州，準州，属領もしくは自治領の法律に基づいて設立された企業，組合，社団，株式会社，事業信託，権利能力なき社団，個人事業者

　(iii)　(i)(ii)の役員，従業員およびエージェント

　(iv)　(i)(ii)を代理して行動する株主

③ 米国内で行為の一部を行った者とは，以下の場合である。

　(i)　米国内においてFCPA違反の行為の一部を，直接，または，代理人を通じて行った者。実務上，この「行為の一部」の範囲は非常に広く解されており，金品の授受行為を米国内で行った場合以外にも，たとえば，米国ドルにより米国外で賄賂を送金し，米国の銀行口座が資金決済の過程で用いられた場合なども適用を受ける可能性があるとされている。

　(ii)　(i)の役員，従業員およびエージェント

　(iii)　(ii)を代理して行動する株主

④ 共謀，幇助・教唆行為を行った者

　上記①から③によりFCPAの適用を受ける者がFCPA違反行為を行った場合，これを共謀あるいは幇助・教唆した者にもFCPAの贈賄禁止条項が適用される。

　米国法上の一般的な共謀罪の要件は，(i)2人以上の者が違法な行為を行うことにつき合意をすること，(ii)共謀の認識を有して実際に共謀に参加すること，当該共謀を推進するための実際の行為（overt act）を少なくとも1人の共謀者が行うことと解されている。

以上のとおり，FCPAの適用範囲はきわめて広く，日系企業の米国外での行為にも適用される可能性がある。

(2)　贈賄禁止条項の基礎的要件

> 贈賄禁止条項においては，いずれかの主体が，①営業上の利益を得る目的で，②汚職の意図をもって，③外国公務員等に対して，④利益を，⑤供与する申出を行い，供与し，供与の約束をし，または，供与の承認をすることを促進する行為が禁じられている。また，同条項に基づき個人の刑事責任を追及する場合には，⑥違法性の認識の要件も充足する必要がある。

③外国公務員等については，広く定義されており，(i)外国公務員（foreign official），(ii)外国の政党およびその職員，(iii)外国の公職候補者以外にも，国により保有または支配されている企業等が含まれる場合もある。なお，外国公務員（foreign official）は，「外国政府，その部門（department），局（agency），機関（instrumentality）若しくは公的国際機関（public international organization）の役職員，または，公的権限に基づいてこれらの機関等のために，もしくは，これらの機関等を代理して行為をする者」と定義されている。

④利益については，何らかの利益（anything of value）とされており，現金の支払に限られず，旅費の負担や贈答品はもちろん役務の提供なども④利益に該当し得る。

FCPAでは，いわゆるファシリテーション・ペイメント[1]が処罰の対象から除外されている。ただし，ファシリテーション・ペイメントに該当するかは，個別具体的な事案ごとに判断する必要がある。また，ファシリテーション・ペイメントは，UKBA含め，明示的に処罰対象外としている贈賄規制の方が少ないと思われる。そのため，ファシリテーション・ペイメントに該当するという

1　公務員の機械的な業務（routine governmental action）に関して行われる円滑化のための少額の支払（facilitating or expediting payment）

ことを理由に安易に公務員に対して利益を供与するのは避けるべきである。

(3) 罰則の内容

　贈賄禁止条項に違反した場合，刑事罰として，法人に対しては200万ドル以下の罰金，役員・従業員等の個人に対しては25万ドル以下の罰金または5年以下の禁固刑およびその併科とされている。また，共謀罪の法定刑は，法人に対しては50万ドル以下の罰金，個人に対しては25万ドル以下の罰金または5年以下の禁固刑およびその併科とされている。

　ただし，上記の法定刑のうち罰金額については，選択的罰金法（Alternative Fines Act）に基づき，裁判所により上限の引上げがなされうるため，法人・個人のいずれについても，犯罪行為により生じた利得または損失の2倍を上限として罰金の支払を命じることが可能である。罰金以外にも，違法所得の没収も行われる。

　加えて，贈賄禁止条項の民事制裁金として，法人・個人のいずれに対しても，2万1,410ドル以下の制裁金を科される可能性がある。

Ⅳ　再発防止策——初動対応の一歩先を見据えて

　冒頭で述べたとおり，海外贈収賄事案は，公務員に対する贈賄行為や公務員からの賄賂の要求が珍しくない新興国で問題となることが多い。そして，海外拠点には未だに「新興国では賄賂もビジネスのうち」と考えている従業員も存在する。このような現地での状況を踏まえると，海外贈収賄事案における再発防止策においては，以下の3点が重要となる。

(1) トップのコミットメント

　トップのコミットメントとは，自社グループにおいては贈賄が許されず，コンプライアンスが，不正な手段による利益獲得に，常に優先されることをトッ

プがメッセージとして明確かつ繰り返し自社グループの従業員に伝えることである。トップ自らがこのような姿勢を示さない限り，現場としてはルールの抜け穴を探したり，本社の監査への対策を立てたりしてしまうおそれがあるため，この点は特に重要である。

(2)　リスクベース・アプローチ

　リスクベース・アプローチとは，リスクの高いところに，より重点的にリソースを当てる考え方をいう。具体的には，進出先や事業内容等により高リスクの事業部門・海外グループ会社は，より厳格なルールの制定・実施（より上位の判断者の承認，承認が必要な金額基準の厳格化等），社内研修や内部監査の重点的な実施を行う一方，他方，低リスクの事業部門・海外グループ会社は，より簡素化された措置（内部監査の頻度の限定等）に留めるという方策である。海外拠点において不正があった場合，その海外拠点の全ての事業部門について完全無欠の贈賄防止策を取るのが理想ではあるものの，現実的ではない。むしろ，逆に高リスクの事業部門での贈賄を十分に検出することができない等の事態になり得る。そのため，リスクベース・アプローチは，外国公務員への贈賄の防止に関する重要な視点である。

(3)　具体的でわかりやすいルールの策定

　外国公務員への贈賄を防止するためには，従業員が迷わずに守れる実効性のある具体的でわかりやすいルールを策定する必要がある。たとえば，以下のようなものがある。

---

①　明らかな贈賄の要求はその場で断る。
②　贈賄かどうか明らかでない場合は，その場での即答は控える。たとえば，「支払権限がありません」と発言し帰ってくる。
③　贈賄にあたるかどうかの判断材料を集める。たとえば，相手方の氏名，地位，所属先を確認し，また，相手方の要求の書面化を求める。
④　身の安全への配慮は怠らない。たとえば，緊急連絡先の明記，複数名での

訪問を原則とする。ただし，経済的な脅しには屈してはいけない。
⑤　社内外の相談窓口（コンプライアンス部門や法律事務所等）は頭に入れておく。

　このような視点から策定される再発防止策として，日本交通技術株式会社の事案とそこで提言された再発防止策の例を紹介したい。

【事案の概要】
・鉄道コンサルタント事業等を営む日本交通技術株式会社の元社長，元国際部長および元経理担当取締役の３名が，インドネシア，ベトナムおよびウズベキスタンでのODA事業について，鉄道公社関係者等に金銭を提供した事案である。
・上記３名は，同社が有利な取り計らいを受けることを目的に，ベトナム鉄道公社関係者に約7,000万円の日本円を，また，インドネシア運輸省鉄道総局関係者に合計約2,000万円相当の金銭を，さらに，ウズベキスタン鉄道公社関係者に約5,477万円相当の金銭（米国ドル）をそれぞれ供与した。
・同事案においては，不正競争防止法の外国公務員贈賄罪違反として，上記３名に対し，懲役２年（執行猶予３年），懲役３年（執行猶予４年），懲役２年６カ月（執行猶予３年），また，同社に対し9,000万円の罰金が科された。

【再発防止策の例】
（トップのコミットメント）
・トップが現実から目をそらさず，「自分の言葉」で，「外国政府関係者に対するリベート提供を一切許容しない」「何かあったら会社が社員を守るので，すぐに連絡・相談せよ」というメッセージを発することが不可欠であることが提言された（2014年４月25日付日本交通技術株式会社外国政府関係者に対するリベート問題に関する第三者委員会作成の調査報告書91頁）。

（リスクベース・アプローチ）
・リスクベース・アプローチによる内部監査，監査役監査が提言された（同92頁）。

（不当要求を受けた場合の危機管理対応をあらかじめ決定しておくこと）
・企業側から働きかける形での利益供与を予防するコンプライアンス体制だけでは不十分であるため，相手方政府関係者から現実に要求行為が行われることを想定した『防御的危機管理対応』をあらかじめマニュアル化してトレーニングを行うとともに，実際に不当要求が行われた際の本社による全面的なサポート体制を整えることが提言された（同92頁）。

■第13章

ビジネスと人権

　第13章では，近年，主に欧米や豪州を中心とした各国で法整備が進み，また日本社会においても問題の認知度が向上してきた，ビジネスと人権の分野をテーマとする。ビジネスと人権という考え方が一般的に認知されるに伴い，企業は，企業を取り巻くステークホルダー（消費者，顧客，株主，労働者，取引先，地域社会等）より，環境，気候変動，人権問題等に真摯に取り組むことが求められている。

　本章では，企業が営む事業に関連して，人権問題の指摘を外部のNGOから受けたという事例を題材に，あるべき初動対応と押さえておくべきポイントを解説する。

| 事例 | 　大阪府に本社を構える化学メーカーX社の代表取締役社長宛てに，ある日，国際的な人権NGOであるYから1通の警告書が届いた。Yからの警告書には，「貴社が製造する石鹸の原材料として使用されているパーム油は，Z国所在のプランテーションから調達されたものである。このプランテーションにおいては長時間労働や危険な条件下の労働等が常態化しており，労働者の人権が侵害されている。貴社として即時対応することを求める。」と記載されていた。 |

初動対応チェックリスト

(1) 初期的な事実確認

　① （人権NGO等の指摘により発覚した場合）人権NGO等がどのような事実を把握しているか？　をチェック

　② （事件・事故等により発覚した場合）そもそも事件・事故やそこでの人権侵害が自社とどの程度関係しているか？　をチェック

(2) 事実関係の調査

　① （上記の初期的な事実確認を踏まえ）調査すべき拠点を確定（自社グループ内か，サプライヤーか？　日本国内での調査か，海外での調査か？）

　② 調査対象に応じて，調査チームの構成を検討（自社の誰に担当させるか？　専門家としてだれを起用するか？）

　③ 調査の手法を検討（誰をヒアリングするか？　どういう資料を確認するか？　現地を検分するか？）

(3) 人権NGO等の第三者への対応

　① （第三者から調査を申し入れられたら）誰が対応するか？　どこまで対応するか？　を検討，第三者と協議

　② 第三者との協働の可能性がありそうか？　を検討

(4) 公表の要否・適否の検討

　① そもそも公表をするべきか？　仮に公表する場合にはいつ，どのような事項を公表するか？　を検討

　② （予定しないタイミングでの公表が必要になる場合に備え）プレスリリースのドラフトを誰がいつ作成するか？　いつアップデートしておくか？　を検討

(5) 懲戒・責任追及の可能性の検討

　① （自社グループ内で問題が生じていた場合）関連役職員が懲戒処分の要件を満たしているか？　満たしているとして懲戒すべきか？　を検討

　② （サプライヤーで問題が生じていた場合）サプライヤーに責任追及をすることができるか？　できるとしてすべきか？　を検討

I ビジネスと人権事案への対応のポイント

　近年，SDGs（持続可能な開発目標）を重視した経営が求められることにより，自社の利益のみを追求する企業に対しては，市場から厳しい目が向けられるようになっている。そのなかで，ビジネスと人権というトピックについても，日本企業の間で関心が高まった。しかし，こうした変化は2010年代後半以降のことである。そのため，人権問題がクローズアップされるのは，外部の人権NGO等，第三者による指摘がきっかけとなる場合が多いのが実情である。その場合，第三者からは非常にタイトなタイムラインでの対応を迫られ，時間的余裕のない中で事実確認や監査等への対応をしなければならないことがある。

　加えて，人権問題に関しては，企業グループ内にとどまらず，サプライチェーンを構成するサプライヤーや顧客のもとにおいて問題が生じている場合にも，調査や対応が求められることが一般的である。そのような場合には，事実調査や再発防止策の検討を行うに際し，企業グループ外のサプライヤーや顧客を関与させなければならなくなる。そのうえ，そのようなサプライヤーや顧客が国外のサプライヤーや顧客であることも多く，国境を越えた取組みが必要となり得る。加えて，なかにはその国の法令がそもそも国際的に求められる人権の水準を満たしていない場合もあり，そうした場合には，単なる法令遵守を超えたスタンダードを満たすことを意識して事実調査や再発防止策を検討しなければならないことも特徴である。

　以上のような点が，ビジネスと人権に関する事案固有の難しさとしてあげられる。

Ⅱ 初動対応

1 初期的な事実確認

　初動対応としては，まず初期的な事実確認を行うことが必要であり，どのようなことを行うべきかは，問題発覚の端緒によって異なる。

　たとえば，事例のように第三者から指摘があった場合には，（事前にある程度の準備をしたうえで）その第三者にコンタクトを取ることを検討すべきである。その第三者がどのような事実調査を行い，どのような問題事象を指摘しているのかについて，具体的に把握することが必要となるためである。こうした第三者には，事例のような人権NGOのみならず，メディア・ジャーナリストも含まれる。また，ESG投資（財務情報だけではなく，環境（Environment）・社会（Social）・ガバナンス（Governance）要素も考慮した投資のことを指す）に力を入れている機関投資家や金融機関が，自らの投資先・融資先における人権侵害の不存在を確認するための調査を行った結果として人権問題を指摘する場合もある。

　こうした第三者は，指摘に先立ち，独自の調査を行い，一定の根拠をもって指摘をしていることが多い。したがって，たとえば，企業内部で簡易な事実確認のみ行って，「問題は確認されなかった」と説明したとしても，具体的な根拠に基づき，企業が把握していないような事実を指摘されてしまい，かえって不信感を招くこともあり得る。そのため，その第三者にコンタクトを取り，その第三者が把握している事実関係をできる限り具体的に聴取し，そのような事実関係をベースに，企業による事実調査の範囲やレベル，方法等を検討していくことになる。

　もっとも，企業側としても何らの調査なく第三者へのコンタクトを開始するのではなく，企業としてそのような事実を把握していないのであれば，その第三者とのコミュニケーションと並行して，可及的速やかに事実確認を行うこと

が望ましい。仮に指摘されているような人権問題が存在する場合には，ただちに特定をし，速やかに人権侵害を止めることが最も重要であることには変わりはないためである。

　事件や事故が問題発覚の端緒となる場合もある。たとえば，バングラデシュで2012年に発生したタズリーン・ファッションズ社工場の火災や，2013年に発生したラナ・プラザビルの倒壊事故では，事故を契機として，ビル内での縫製工場における劣悪な労働環境が明るみになった。こうした場合には，事件・事故やこれに関連する人権問題が自社に関係するものであるか，自社に法的責任や社会的責任を生じさせるものであるかについて初期的な事実確認を可及的速やかに行い，その可能性がある場合にはより詳細な事実調査を行うこととなる。

2　事実関係の調査

(1)　調査体制の構築

　企業の事業活動から生じる人権問題が発覚した場合には，具体的にどのような人権問題がどのような範囲で生じているのかの事実調査を進める必要がある。こうした事実調査の手法としては，他の類型の不祥事事案に際して実施される事実調査と大きく異なるところはない。

　ただし，人権問題の調査においては，事例のように，企業グループ外のサプライヤーのもとで生じた問題を調査しなければならない場合がしばしば生じる。その場合には調査体制の構築が一段難しくなるため，これらについては分けて論じる。

ア　自社の企業グループ内を調査対象とする場合

　人権問題が生じたのが企業グループ内である場合には，本社の法務・コンプライアンス部門，リスク管理部門，サステナビリティ部門等のメンバーが，必要に応じて外部弁護士やコンサルタント等の専門家を起用して調査にあたることが多い。

　たとえば，不適切な技能実習生の起用，重大なハラスメント等，人権問題が国内で生じている場合には，専門家としては日本法弁護士の起用で足りることが多い。他方，海外の子会社による児童労働への関与等，人権問題が国外で生じている場合には，海外子会社を対象とする調査を誰が主体となって進めるべきかを検討する必要がある。

　調査の客観性を担保する観点からは日本の本社が主導することが多いと考えられるものの，調査対象文書の収集やヒアリングの設定等で海外子会社の役職員の力を借りることは避けられない。その場合は人権問題に直接関与したことが疑われる役職員との間での情報遮断に留意すべきである。そのうえで，現地国の法令の知見を得る観点から，現地の弁護士を関与させることも検討に値する。ただし，冒頭でも述べたように，現地国の法令の整備が不十分であり，国際的に認められた人権の水準に達していないような場合もあり，その国の法令を遵守しているかを確認するだけでは人権問題の調査として不十分となり得る点には留意が必要である。

イ　外部サプライヤーに対する調査の必要性がある場合

　企業グループ外のサプライヤーのもとで生じた問題を調査しなければならない場合においては，そのサプライヤーに対する管理が行き届いている場合とそうでない場合とで初動の在り方が変わってくる。

（ア）平時からサプライヤー管理がなされている場合

　近年は，CSR調達（原料等の調達に際し，環境・労働・人権などの観点からサプライヤーに要求する項目を加えることにより，サプライチェーン全体において社会的責任（Corporate Social Responsibility）を果たそうとする動き）への意識の高まりから，サプライヤー管理を厳密に行う日本企業も増えてきている。そのような企業の場合，サプライヤー監査やサプライヤーとの対話を定期的に行っており，有事の際のサプライヤーに対する調査権等が供給契約に盛り込まれていることもある。

　このような企業では，あるサプライヤーのもとで人権問題が発覚した場合には，そのサプライヤーとの監査や対話を企業サイドで行っている担当者を事実調査の担当者に据えたうえで，担当者からサプライヤーに連絡を取り，事実調査への協力を求める。併せて，過去のサプライヤー監査の際に指摘されている人権問題について監査対象としていたか否か，していた場合はその監査結果についても確認を行う。

　特に指摘の対象となったサプライヤーが日本国外のサプライヤーであるような場合には，調査の前提として，現地国における法令の知見が必要となる。そのため，平時からのサプライヤー監査の際に起用していたその国の弁護士等の専門家がいる場合には，その専門家を調査担当者に加えることが望ましい。

（イ）平時のサプライヤー管理が不十分な場合

　しかしながら，上記のように厳密なサプライヤー管理を行うことができている企業ばかりではない。その場合，事例のようにサプライヤーのもとでの人権問題につき第三者から指摘を受けたとしても，（特に１次サプライヤーでない場合）そのサプライヤーがそもそも企業のサプライヤーであるのかについてすら明らかでないということも想定される。このときには，以下のとおり，そのサプライヤーにどのようにアプローチしていくのかという道筋を構築するというステップにまず注力する必要が生じる。

a　調査のためのコミュニケーションラインの構築

　そもそも指摘の対象となったサプライヤーが企業のサプライヤーであるか否かにつき，直接取引のある１次サプライヤーから遡って確認を行う。問題のサプライヤーが企業のサプライチェーン上どのような位置にあるかを確認できたら，調査への協力を要請する根拠として何があるかを確認する。

　具体的には，問題のサプライヤーと直接取引のあるサプライヤーとの間の契約に，有事の際の調査権等が定められているか，などを検討することとなる。何らかの協力要請の根拠がある場合にはそれに基づき，ない場合には任意の協

力を依頼するという形で，問題のサプライヤーとのコミュニケーションライン
を構築する。こうしたコミュニケーションにおいては，自社と問題のサプライ
ヤーとの間に入っているサプライヤーらとの協力が重要になる。

　b　調査を担当する人員体制の構築
　平時のサプライヤー管理が不十分な場合には，平時における監査や対話の担
当者もいないことが多いため，社内のコンプライアンス部門等から適任者を事
実調査の担当者に据えることとなろう。あるいは，対象が1次サプライヤーで
あるような場合には，そのサプライヤーの窓口となっているような調達の担当
者を事実調査にあたらせることも検討すべきである。併せて，たとえば指摘の
対象となったサプライヤーが日本国外のサプライヤーであるような場合には，
現地国の弁護士等，協働できる専門家としてどのような者を調査担当者に加え
るかにつき検討を行う必要がある。

(2)　調査の実施
　調査体制が構築できたら，速やかに調査を実施することとなる。
　行うべき調査としては，関係者のヒアリング，関係する資料の収集・確認，
現地確認が中心となる。以下，冒頭の事例に即して，これらを具体的に説明す
る。

　ア　ヒアリング
　（ア）対象者の選定
　事例の場合，関係者のヒアリングとしては，Z国のプランテーションにおい
て勤務する労働者およびその上司らから，実際の労働環境についてヒアリング
を行うことが想定される。場合によっては，そうした労働者からなる労働組合
（もしあれば）の幹部，場合によってはプランテーションを現場で見ている警
備員や近隣住民等からヒアリングを行うことが必要な場合がある。全ての対象
者が正確かつ誠実に回答するとは限らないため，なるべく多くの者を対象とす

ることが好ましい。また，ヒアリング対象者が日本語を解しない場合には，対象者が普段用いている言語でヒアリングできるよう通訳を介してヒアリングを行うことになる。

　大勢の労働者からなる職場でヒアリングを行う場合には漏れなく全員をヒアリングすることが現実的ではない場合もあろう。そうした場合でも，職位や勤続年数等の点で対象者を偏らせないようにすることが好ましい。たとえば，指摘されている問題の状況が年を経るごとに変化していることもありうるため，勤続年数が短い労働者にばかり話を聞いていると実態が見えてこないことがあるためである。そのため，「勤続 5 年目までと， 6 年目から10年目までと，11年目以上のそれぞれのカテゴリの従業員を各 5 名」等，枠を設定したうえでそのなかでランダムに対象者を選定するなどの工夫が考えられる。

（イ）留意点

　事例のように人権NGO等が人権問題を指摘しているような場合には，人権NGOにおいてすでに一定の関係者からの聴き取りを行っていることが想定される。その場合，特定の関係者が人権NGOに話をしたという事実が Z 国のプランテーションの幹部に知れてしまい，X 社による調査実施前に，報復として解雇されるなどといった事態は厳に避けなければならない。

　X 社によるヒアリングで人権問題を訴えたことが幹部に知れて報復されるおそれがあるような場合も，同様である。そのため，上記 1 で人権NGO等から聴取した情報については厳重に管理し，プランテーションの幹部の目に触れないようにするなどの対応が必要となる。また，報復をおそれた対象者が自発的に経営者に忖度したような回答をすることを防ぐ観点も重要である。そのために，調査の目的を明らかにしないためのダミーの質問等も入れたうえでヒアリングをすることもある。

　加えて，ヒアリングにおいて対象者がどのような話をしたかにつき，対象者同士で情報交換をしてしまうなどして，口裏合わせが行われることも避けるべきである。この観点から，担当者複数がヒアリングを同時並行的に実施し，な

るべく短期間でヒアリングを完了させるという工夫も検討に値する。

イ　資料の収集・確認

　資料の収集・確認については，事例のような場合，まず，以下のようなものを含む，プランテーションにおける労働関係の資料を得ることになる。もちろん，以下は一例であり，実際にどのような資料を収集すべきかは事案によって変わり得る。

①　労働関連の社内規程・ポリシー類
②　従業員のリスト
③　労働組合幹部・組合員のリスト，労働協約や労働組合との団体交渉記録等の労働組合に関する書類
④　労働契約関係の書類
⑤　賃金支払いに関する記録（現物支給や，従業員からの預託金がある場合にはその記録も）
⑥　労働時間管理に関する書類（タイムシート等）
⑦　休暇取得記録等，休暇取得に関する書類
⑧　生産ノルマ，目標設定，ボーナスの計算方法等に関する書類
⑨　当局等の労働衛生関連の監査の結果，指摘事項，議事録等，労働衛生関連の資料（プランテーション内で危険物質等を使っている場合は，そのような物質に関する資料も含む）
⑩　労災事故等の記録や当局への報告書類等
⑪　懲戒（制裁金等も含む）・解雇等の記録
⑫　従業員からの苦情申立て・内部通報の記録

　これらを精査し，Z国の法令や，国際的に認められた人権の基準に照らして問題のない内容となっているかを確認することとなる。これらの資料については，なるべく現地を訪問し原本を確認するほうが好ましいが，現地訪問が難しい場合には，写しを電子データとして送付させて確認する。

ウ　現地調査

　関係者へのヒアリングや資料の確認のほか，調査担当者が現地を実際に検分することで判明する事実も多い。たとえば，事例では，危険な環境での労働が指摘されているところ，どの程度危険なのかについてはヒアリングや資料の確認よりも，労働者が働いているところを直接確認するほうが実態を正しく理解できるだろう。特に，サプライチェーン等自社の外で問題が指摘されている場合には，実際に現地を見てみないと問題の実態を正確に捉えられないことがある。

3　人権NGO等の第三者への対応

⑴　人権NGO等からの調査申入れへの対応

　人権NGO等自身が，人権問題についての調査（上記**2**⑵に記載したような調査）の実施を申し入れてくる場合がある。まず，そもそもそのような調査を受け入れるか否かについて，人権NGO等との関係，問題の深刻さ，透明性の確保等を深く考慮したうえでの慎重な吟味が必要である。

　仮に，人権NGO等による調査を受け入れる場合，現地調査に先立って，人権NGO等から資料の提出依頼がなされることが多い。これに対応して資料の写しを送付することとなるが，その場合，調査当日現場で資料の原本の確認を行わせるよう求められることがある。また，必要に応じ担当者からの説明も要請される。こうして求められる資料・説明は膨大なものとなり得るため，場合によっては，その必要性や範囲について事前に人権NGO等と協議することもある。

　また，調査当日に現場を訪問した人権NGO等が，労働環境を実際に検分する場合，休憩中の労働者の様子や，ミーティングルーム・救護室等も検分の対象となる。事例のケースとは異なり製造業における工場が検分の対象となる場合には，たとえば，機械を一部止めている時間帯があるような場合に，複数の時間帯に分けて検分を行う必要があるため，対応は長時間に及ぶことがある。

人権NGO等は，ヒアリング対象者が企業にとって都合の悪い事実を話さないように事前に働きかけられる可能性があるため，事前にヒアリング対象者を特定することを拒む場合がある。そのため，訪問の際に現場で対象者を選定する形でヒアリングが実施されることもあり，人権NGO等による調査を受け入れる場合には，こうした急なヒアリング設定にも対応できるようにする必要がある。

人権NGO等からの調査対象が自社グループ内の場合は，本社主導でこうした準備を行う（あるいは対象となるグループ会社で信頼のおける部署に行わせる）こととなろう。人権NGO等からの調査対象が外部のサプライヤーとなる場合には，サプライヤーに対して，同様の協力を求めていくこととなる。

⑵　人権NGO等第三者との協働可能性の検討

人権NGO等からの指摘を端緒として人権問題が発覚したような場合には，その人権NGO等の構成員，活動実態等を確認し，人権NGO等の企業への態度を見極めたうえではあるが，その人権NGOと協働しながらその後の事実調査や再発防止策の検討を進めることを検討することもあり得る。特に人権問題について専門的な知識やノウハウを有していない企業の場合には，人権問題の分野に知見を有する人権NGOと協働することで，スムーズな対応を期待できる可能性があるためである。

4　公表の要否・適否の検討

人権問題が発覚した場合にはこれを公表するか否か，公表する場合にはいつどのような内容を公表するかの検討も必要となる。こうした検討は，人権NGO等の当初の指摘内容や，その後の事実調査の内容等も踏まえたうえで行う必要がある。

事例のように人権NGO等の指摘により人権問題が発覚した場合，人権NGO等の公表のタイミングが事前に分かるとは限らない。また，人権NGO等が声

明を相次いで発表するなど，積極的に公表を行って世論喚起し企業に対応を迫ろうとしているような場合もあり得る。加えて，近年においては，人権NGO等ではなく，取引先等から人権問題についての対応を迫られる場面も散見される（顧客企業が取引相手に対し，人権問題が指摘されている地域からの原料調達や人材雇用を避けるよう申し入れる場合等）。

　こうした場合には，それぞれ他の組織から公表される時期や内容を見極めながら公表の要否・適否を探ることになる。公表が遅滞したり，公表内容が不正確であったりした場合には，人権NGO等からの更なる指摘を受け，不買運動等のより過激な反応につながるなど，企業のレピュテーションに重大な悪影響を及ぼすリスクがある。たとえば，前記１のとおり，すでに人権NGO等が人権問題についてある程度の事実関係を把握しているにもかかわらず，初期的な事実確認が不十分であったために不正確な事実を根拠に人権問題を否定するプレスリリースを出してしまう場合等である。したがって，このような場合には，初期的な事実確認をなるべく速やかに行い，また判明している事実から手堅く言えることを公表していくこととなる。

　人権NGO等とコミュニケーションが取れており，すぐには人権NGO等からの公表が見込まれない場合でも，他のメディア等が先行して報道した結果，公表を余儀なくされる場合もある。それゆえ，人権問題発覚以降，事実調査の進捗に応じ，想定プレスリリースを作成・更新しておき，必要が生じた場合にはすぐに開示ができるような体制を整えておくことが望ましい。その意味でも，なるべく早期の段階で社内の広報部門を対応チームに加えておくべきであろう。

5　役職員への懲戒処分およびサプライヤーへの責任追及の可能性の検討

　人権問題が企業グループ内で生じ，法令や社内規程違反に至っているような場合には，関係した役職員に対し懲戒処分を行う可能性を検討する必要がある。

　これに対し，事例のように，外部のサプライヤーのもとで人権問題が生じた

場合には，そのサプライヤーとの契約における損害賠償の規定や解除権の規定を確認し，責任追及の可能性を検討することとなる。ただし，サプライヤーとの契約上解除権が定められているような場合でも，サプライヤーに人権問題が生じたからといって直ちに取引を停止するのは，望ましくない。人権問題に対する注視の目が行き届きにくくなったり，取引停止に伴いサプライヤーの経営状況が悪化したりすることで，かえって問題が深刻化する可能性もあるためである。

　そのため，人権への負の影響の防止・軽減という観点では，契約を解除し取引を停止するのは最終手段として検討すべきである。いきなり解除権を行使するのではなく，例えば顧客の立場からサプライヤーに改善を求めたり，サプライヤー監査を通じて改善の実効性を確保したりと，まずはサプライヤーとの取引関係は維持しつつ問題解決を促すのが望ましい。

　最終的な結論が取引の停止または継続のいずれになる場合でも，人権への負の影響の深刻度を考えて，責任ある対応をとらなければならない。こうした点は，他の不祥事事案の類型ではあまり見られない，ビジネスと人権特有の課題といえよう。

Ⅲ　関係法令等

　事例のようなケースでは，Ｚ国の現地法令等も問題となるが，ここでは日本企業が関与する場合の「ビジネスと人権」の分野におけるベーシックなルールについて紹介する。なお，ここで紹介するルールはいずれもソフトロー（法的拘束力がない）であるが，欧米や豪州を中心に人権デュー・ディリジェンスの実施や人権に関する一定の開示を義務付ける法律，および人権を侵害して生産された製品の輸入を規制する法律等，法的拘束力のあるルールが整備されつつある[1]。

　また，2022年2月には，経済産業大臣から，日本においても，企業のサプラ

イチェーンにおける人権デュー・ディリジェンスの指針を，2022年夏をめどに
取りまとめる意向が示された。これを受けて，サプライチェーンにおける人権
尊重のためのガイドライン検討会においてガイドラインの検討が進められてお
り，2022年9月13日には経済産業省から「責任あるサプライチェーンにおける
人権尊重のためのガイドライン」が公表された。このように国内外で目まぐる
しくルールの整備が進みつつあることには留意が必要である。

1　国連ビジネスと人権に関する指導原則

(1)　概　要

　国際的な企業活動が人権に対して及ぼし得る負の影響に対処するためのルー
ルとして，2011年国連人権理事会で承認された指導原則である。これまで国際
人権は国家と市民との関係を規律するものとされてきたが，この指導原則にお
いて，企業が，国際人権章典，ILO中核的労働基準をはじめとする国際的に認
められた人権を尊重する責任を負うことが明記された。

　指導原則のもとでは，企業には，自らの活動を通じて引き起こしたり，助長
したりした人権への負の影響に対処することが求められているうえ，取引関係
によって企業の事業，製品またはサービスと直接的につながっている人権への
負の影響を防止または軽減するよう努めることも求められている（原則13）。
そのため，事例のようなサプライヤーのもとでの人権問題についても企業には
手当てが求められることとなる。

　加えて，指導原則では，人権を尊重する責任を果たすために企業がとるべき
具体的な行動として，①方針によるコミットメント，②人権デュー・ディリ
ジェンスの実施，③企業が惹起・助長した人権への負の影響についての救済手

1　直近の動向については森・濱田松本法律事務所編「リーガル・トランスフォーメーショ
　ン」（日本経済新聞出版，2022）77頁以下を参照されたい。同書出版後の2022年2月23日に
　も，人権・環境デュー・ディリジェンスに関し，欧州委員会から，コーポレート・サステ
　ナビリティ・デュー・ディリジェンス指令案が公表されるなど，立法への動きは依然活発
　である。

続整備を例示している（原則15）。

　上記①の方針によるコミットメントとしては，専門家の助言を得て作成されている，企業の最上級レベルで承認されているなどの要件を満たす方針を作成し，これを公表して企業のコミットメントを明らかにすることが求められている。

　上記②の人権デュー・ディリジェンスとしては，（企業買収の際に行われる１回きりのいわゆるデュー・ディリジェンスとは異なり）(i)人権に対する負の影響の特定・評価，(ii)負の影響への適切な措置，(iii)当該措置の効果の追跡評価，(iv)人権に対する影響への対処についての開示，という継続的な一連の対応が求められている。

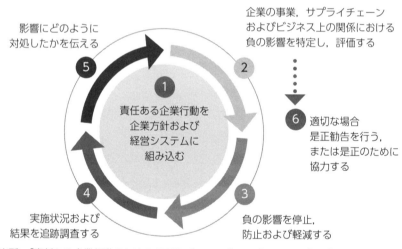

出所：「責任ある企業行動のためのOECDデュー・ディリジェンス・ガイダンス（日本語訳）」21頁

　上記は「責任ある企業行動のためのOECDデュー・ディリジェンス・ガイダンス（日本語訳）」21頁にあるデュー・ディリジェンスの模式図である。上記ガイダンスは人権デュー・ディリジェンスのみを対象とするものではないが，人権デュー・ディリジェンスについても同じ考え方があてはまる。すなわち，企業には，上記(i)から(iv)までのアクションを継続的に行い，人権への負の影響

の防止または軽減に向けて，いわゆるPDCAサイクルを回していくことが求められる。

　上記③の救済手続整備としては，企業に対しては，国家が整備する裁判手続等とはまた別の，非司法的な苦情処理メカニズムを整備することが求められている。こうしたメカニズムは実効的なものでなければならないともされており，あるメカニズムが実効的といえるためには，指導原則において，正当性（利用者から信頼されており，手続の公正な遂行について責任を負うようなものとなっていること），アクセス可能性（利用者に認知されており，言語・費用・報復可能性など，メカニズムにアクセスする際の障壁がある利用者には適切な支援を提供するものとなっていること）などのさまざまな要件を満たすことが必要であるとされている。

(2)　国別行動計画（NAP）

　以上のような指導原則に基づき設置された作業部会は，各国に対し指導原則の普及，実施についての国別行動計画（NAP）の策定を奨励しており，日本でも2020年10月にNAP（「ビジネスと人権」に関する行動計画（2020-2025））が公表された。日本版NAPにおいては，政府から企業に対する期待表明として，①人権デュー・ディリジェンスのプロセスの導入，②ステークホルダーとの対話，③効果的な苦情処理の仕組みを通じた問題解決，への期待が表明されている。

2　OECD多国籍企業行動指針

　1973年に経済協力開発機構（OECD）において策定された，行動指針参加国の多国籍企業に対し，期待される責任ある行動を自主的に取るよう勧告するための行動指針である。直近の2011年の改定において，指導原則に依拠する形で，企業の人権尊重責任に関する章が新設されている。

3　責任あるサプライチェーン等における人権尊重のためのガイドライン

2022年9月に日本政府により策定されたガイドラインで，上記「国連ビジネスと人権に関する指導原則」「OECD多国籍企業行動指針」をはじめとした国際スタンダードを踏まえ，日本で事業活動を行う企業に求められる人権尊重の取組みについて解説するものである。紛争地域等における，人権への負の影響の高いリスクを踏まえた「強化された人権DD（heightened human rights due diligence）」や，こうした地域での事業活動の停止・終了に際し慎重かつ責任ある判断を求める「責任ある撤退」など，近時新たに着目されている論点についてもカバーする内容となっている。

Ⅳ　再発防止策——初動対応の一歩先を見据えて

「ビジネスと人権」の問題の再発防止策として，事実調査により確認された特定の問題を解消するための是正措置をとるだけではなく，中長期的にPDCAサイクルを回して類似の問題の再発を防ぐ必要があることは，他の不正・不祥事事案の類型と変わりはない。

他方，「ビジネスと人権」というトピックがカバーする範囲は，冒頭の事例のような労働問題から，環境問題，民族問題，と多岐にわたる。そのため，「ビジネスと人権」の問題の再発防止策として具体的にどのような策をとるべきであるかは，具体的にどのような人権問題が生じたかによって変わりうる。そのような観点から，以下では，問題となっている人権の内容を問わない最大公約数的なものとして想定される再発防止策を論じている。

なお，下記で再発防止策として紹介しているものは，人権問題の再発防止策であるだけでなく，特段これまで自社の企業グループ内やサプライチェーンで人権問題が報告されてこなかった企業が人権への負の影響を予防または軽減す

るための取組みとしても有益と考えられる。現にこうした取組みに着手しつつある企業も増えてきている。しかしながら，「下記のようなアクションが，企業がなすべき取組みとして紹介されているので取り組む」というマインドセットでは，各企業の事業活動における人権への負の影響を特定しこれを予防または軽減するために真に有益な取組みをなすことは難しい。

　たとえば，「ポリシーを作らないといけないらしいから，うちも作ろう」という形で，企業グループの事業活動からどのような人権への負の影響が生じうるか，それをどう防げばよいか，ということを十分に検討しないまま，他社事例を加工しただけのポリシーを制定し，そのまま取組みが止まってしまう，などということになりかねない。そうではなく「企業グループの事業活動から生じうる人権への負の影響を予防または軽減するためにどうすればよいか」を検討するというマインドセットでこうした活動に取り組まれることを期待したい。

1　人権に関するポリシー等の策定

　再発防止策の一環としては，企業における人権問題に関するポリシーや規程類を策定しておくことが望ましい。上記Ⅲで言及した「国連ビジネスと人権に関する指導原則」および日本政府のガイドラインにおいては，企業には，人権を尊重する責任を果たすというコミットメントを企業方針として発信することが求められており，ポリシーの制定はこれに沿うものである。内容としては，人権尊重に関する自社としての考え方や，人権関連の国際ルールとの関連性等について定めるものであることが想定されている[2]。

　こうしたポリシー等について，企業グループ内で適用するのみならず，自社ウェブサイトでの公表や，サプライヤー行動規範（code of conduct）での参照等を通じ，サプライヤーに対しても浸透させ，人権問題に対する意識を持つことを促すことは，事例のような事態を避ける点で有益である。

2　法務省「今企業に求められる『ビジネスと人権』への対応　『ビジネスと人権に関する調査研究』報告書（詳細版）」50頁参照。

2　人権デュー・ディリジェンスの実施

　上記Ⅲで言及した各種ルールでも例示されているとおり，①人権に対する負の影響の特定・評価，②負の影響への適切な措置，③当該措置の効果の追跡評価，④人権に対する影響への対処についての開示，という形で人権デュー・ディリジェンスを行うことが望ましい。

　上記のとおり，この人権・デュー・ディリジェンスはM&A取引におけるいわゆるデュー・ディリジェンスのような1回きりのものではない，継続的な取組みである。こうした人権デュー・ディリジェンスを行う中で，事例のような労働者の人権侵害の可能性を検出し，問題化する前に措置を取ることが可能となる。

3　外部のサプライヤー管理

　上記2の一環でもあるが，平時から外部のサプライヤー管理を行い，2次以下のサプライヤーも含めて自社の事業に関係するサプライヤーを把握しリストアップしたうえで，サプライヤー監査やサプライヤーとの対話を定期的に行うことは，サプライヤーに対し自社の人権方針等を浸透させ，またサプライヤーのもとでの潜在的な人権問題を検出し，事例のような問題を未然に防ぐために有益である。

　加えて，サプライヤーの従業員が直接人権問題を相談できるような体制を作っている例もある。たとえば，ミキハウスブランドを手掛ける三起商行は，人権NGOであるThe Global Alliance for Sustainable Supply Chain（ASSC）が開発した労働相談アプリケーションを自社の費用によりサプライヤーの国内工場の従業員に利用させ，サプライヤーの従業員が直接労働問題をASSCに相談することのできる体制を構築した。

　加えて，サプライヤーとの供給契約の雛形においても，人権問題に関する条項を設けておくことで，サプライヤーに人権問題に関する意識付けを行うとと

もに，有事の際にはそうした条項に基づきサプライヤーに対し調査への協力や責任追及等を行うことが可能となる。具体的には，委託者の人権方針等に関する規範の遵守，人権侵害の可能性に関する報告・通報義務，これらの義務に反した場合の解除権・損害賠償義務，人権侵害の可能性に関する委託者側の監査・調査権等の規定を設けることが考えられる。

　前記Ⅱ2(1)のとおり，サプライヤー管理を適切に行うことは，潜在的な人権問題が顕在化し大きな問題に発展するのを防ぐ面があるだけではなく，人権問題が生じてしまった場合に迅速な対応を取ることを可能にする面もあり，この観点からもサプライヤー管理は有益である。

4　社内教育

　「ビジネスと人権」に対する意識を企業に根付かせるためには，本章で指摘したように，人権に関するポリシー等の策定，人権デュー・ディリジェンスの実施，サプライヤー管理等は重要な要素であることは間違いないが，これらの業務の従事者に留まらず，全従業員の意識向上および理解を促す必要がある。そのためにも，経営トップによるメッセージの発信，コンプライアンス教育等による浸透と充実が必要となる。

あとがきに代えて

　本書の冒頭では，初動対応の心得として４つのことに触れた。

　最後は，本書が主たる読者として想定する，比較的経験の浅い法務・コンプライアンス部門の担当者に向けた「不正・不祥事への初動対応で大事にするべき４つの力」で締めくくりたい。

◆ 不正・不祥事への初動で大事にするべき４つの力

１．正確なファクトにこだわる力

　どれだけ深刻な事案でも，どれだけ緊急の事案でも，法務・コンプライアンス部門の担当者は「ファクトが正確である」ことを譲ってはならない。経営判断，法務・コンプライアンス部門内でのレポート，外部法律事務所への相談などあらゆる局面でファクトの正確性は基礎になる。地味ながら，最も重要である。

　しかし，初動対応のバタバタの中で，ファクトの正確性は，さまざまな危機を迎える。

　「マスコミが押しかけたらこれくらいは回答せざるを得ない。」

　「お客さんが詳細な事実の記載を求めているんだ。こちらが悪いことをしている以上，断れないだろう。多少推測が入ってもいい。」

　社内でこのように詰められても，調査不足のあやふやな事実を提供することがあってはならない。法務・コンプライアンス部門の担当者の皆さんは社内における「ファクトの番人」であり，時としてこうした要請にしっかりと「No」を言う責任がある。

　もちろん，時間に迫られ事実が整理されていないとか，複雑な事案ゆえに事実誤認があるということも，厳に防がなければならない。「一番正確なファク

トを押さえているのはいつも法務だ」,「コンプラ部が作った文書だから正確性には問題がない」と社内で言われるようにしたい。

2.「次の展開」・「次の一手」を見立てる力

　不正・不祥事の初動対応は時間との勝負である。経営陣から「明日までに記者会見のQAを作って」,「××省から呼び出されたから,緊急で報告文書をまとめて」と言われることもざらである。皆さんは急かされるだろう。しかし,最低限の質を保とうとすると,課題解決に着手をしてから解決するまでの時間を極端に短くすることはできない。

　皆さんにできるのは,「次の展開」・「次の一手」を見立てることに尽きる。こんなQAを要請されそうだ,こういう報告文書が必要になりそうだということを,いち早く察知し,前広に経営陣と相談し,早めに外部弁護士事務所に指示することにより,リードタイムを稼ぐのである。

　不正・不祥事の現場では,状況は刻々と変化する。不測の事態・方針変更は常に覚悟し,アンテナを高く張って「次の展開」を読まなければならない。そして,同じ状況であっても,決まった解があるという場面の方が珍しい。「次の一手」は1つではないことを常に意識し,限られた時間・リソースの中で,最適解をチョイスすることが求められる。

　こうした先読みのセンスを磨きたい。

3.「身内」の利害を調整する力

　訴訟の相手,クレーマー,敵対的投資家との関係では,組織が一丸となることは容易である。彼らは法務・コンプライアンス部門の敵であると同時に,経営陣の敵でもあり事業部の敵でもあるからである。しかし,不正・不祥事の初動対応という場面における真の利害調整能力は,身内(トップマネジメント,財務部,事業部,会計監査人等)の間で必要になる。味方同士の利害対立こそ,同じユニフォームを着ており今後も同じユニフォームを着ていく分,扱いが難しい。

　ポイントになるのは「聴く力」と「伝える力」（まとめて「通訳能力」）である。危機に瀕した混乱局面においては，社内の各当事者が自分の立場で「好き勝手」を述べ，混沌が生じることがある。あたかもトップマネジメントが「トップマネジメント語」を，財務が「財務語」を，事業部が「事業部語」を，会計士が「会計士語」を話すかのようである。

　「身内」の利害調整は，それぞれの考えを傾聴し，正しい日本語で表現し，相互の理解を促進することで解決することも多い。法務・コンプライアンス部門が，本来得意とするカウンセリング能力を発揮するときなのである。

　法務・コンプライアンス部門が，各部門の状況，方針，思いをしっかり把握し，それを他の部門に伝える手助けをしてあげたい。ある場面で不始末をした部門／役職員とその尻拭いをする部門／役職員は，問題が解決した後も共に生きていく「仲間」であり，「明日は我が身」ということを，日々の業務の中で一番経験している部門だからである。

　良き法務・コンプライアンス部門は，こうした身内の利害調整を巧みにこなし，影の「司令塔」を担う。

　けっして，法務・コンプライアンス部門が「法務・コンプライアンス語」を使ってしまうようなことがあってはならない（が，現実にはそのような場面は少なくないことに警鐘を鳴らしておきたい）。

4．逃げない力

　不正・不祥事の初動対応では，窮地に陥った自社や仲間を前に，冷静で客観的な目線を持ち続けることが求められる。緊急かつ絶対に手違いが許されないという場面も多い。

　やりがいはあるが，けっして楽ではない業務である。そこから逃げない力が求められる。

　逃げない力の初級編は，自分の持ち場を守ることである。不正・不祥事の初動対応は，チームワークである。部署はもちろん，経験や知識に応じた持ち場があり，それぞれがその持ち場を一生懸命に守る必要がある。

　逃げない力の上級編は，状況が悪化するときに訪れる。思っていたよりも深刻なファクトが判明したとき，社内で致命的なミスが発覚したとき，当局や取引先などから強力な打撃を受けたとき。こうしたとき，途端に電話に出なくなる人，腰が引ける人，責任を転嫁する人が出てくる。多くの不正・不祥事を経験した老練な弁護士が「大事な場面で逃げちゃう奴は結構いる」とこぼしたことが忘れられない。

　これらの4つの力の鍛え方は何かと問われると難しい。われわれも鍛錬の日々だからである。これからの法務・コンプライアンス部門担当者に申し上げられることがあるとすれば，われわれが次のことを「継続的に」大事にしてきたということかもしれない。

　①　粘り強く，やりぬくこと
　②　反対意見をしっかり述べること
　③　注意深い積極性を持つこと
　④　心身を整えること
　⑤　万国の書物に触れ視野を広げること

　本書が，初めて不正・不祥事の対応に取り組む法務・コンプライアンス部門担当者の混乱や不安を少しでも減らす道しるべとなり，ぜひこの業務にやりがいを持って取り組んでみようと考えてくださる方が一人でも多くいてくだされば幸いである。

■編著者紹介

山内　洋嗣（やまうち　ひろし）

森・濱田松本法律事務所　弁護士・米国ニューヨーク州弁護士。

コンプライアンス・危機管理と紛争が二本柱。日本を代表する不正・不祥事案件を現場でリードしてきた経験・ノウハウを生かし，クライアントに日々寄り添う。

近時の著書として『不正・不祥事における再発防止策』（商事法務，2021年），『企業危機管理の書式集』（中央経済社，2019年），『企業危機・不祥事対応の法務』（商事法務，2018年）等。

全国各地でセミナー・講演を実施し，近時は「不正重症化の温床となるパワハラの撲滅」と「制度が存在するだけで満足しない，真に効果的な内部通報制度」に力を入れている。

山田　徹（やまだ　とおる）

森・濱田松本法律事務所　弁護士。

元東京地検特捜部検事，預金保険機構統括室総括調査役。コンプライアンスおよび危機管理分野（企業不祥事対応，不正調査等）が専門。約15年間にわたる検察官生活の中で，数多くの企業犯罪の捜査・公判に従事した経験を活かし，常に依頼者に寄り添いながら，問題解決に導く具体的なアイディアを提案することを信条とする。

主な著作として「司法取引制度　日本版司法取引制度の中小企業への初適用〜適用の広がりがもたらす影響と持つべき視点〜」ビジネスガイド2020年8月号，主なセミナーとして「公職選挙法と政治資金規正法の落とし穴」（森・濱田松本法律事務所主催，2021年）等。

■著者紹介

今泉　憲人 （いまいずみ　かずひと）

【執筆担当】序章

　森・濱田松本法律事務所　弁護士。主な取扱分野は，コンプライアンス・危機管理分野（企業不祥事対応，不正調査，従業員不正等，企業刑事弁護，各種当局対応），争訟・紛争解決。約8年間の検察庁勤務（法務省検事在外研究員としてのフランス国立司法学院への在外研究，大阪地検特捜部及び横浜地検特刑部検事としての独自捜査事件の経験を含む。）を経て弁護士として稼働。

岩永　敦之 （いわなが　あつし）

【執筆担当】第3章，第11章

　エア・ウォーター株式会社　法務・ガバナンス室　法務グループ長。

奥田　敦貴 （おくだ　あつき）

【執筆担当】第2章

　森・濱田松本法律事務所　弁護士。主な取扱分野は，危機管理（企業不祥事対応，不正調査等），争訟・紛争解決。主な著作として「2022年6月1日に施行を控えた改正公益通報者保護法への対応策—消費者庁の指針および指針の解説を踏まえた最終チェック—」資料版商事法務457号等。

加藤　裕之 （かとう　ひろゆき）

【執筆担当】序章

　森・濱田松本法律事務所　弁護士。高松オフィスに勤務。主な取扱分野は，争訟・紛争解決，M&A，危機管理（企業不祥事対応，不正調査等）。主な著書として『オーナーの視点から考える事業承継型M&Aの法務・税務戦略』（中央経済社，2021年）等。

北　和尚 （きた　かずひさ）

【執筆担当】序章

　森・濱田松本法律事務所　弁護士。名古屋オフィスに勤務。YKK株式会社への出向経験を有する。コンプライアンス・危機管理分野（企業不祥事対応，不正調査，従業員不正等），労働法務，争訟・紛争解決，事業再生を専門とする。名古屋を拠点として，特に東海地方の多くの企業が抱える問題に横断的に対応する。主な著書として『コンプライアンスのための金融取引ルールブック［2022年版］』（銀行研修社，2022年），『自動運転・MaaSビジネスの法務』（中央経済社，2020年）等。経営法曹会議会員。

木本　昌士（きもと　まさし）

【執筆担当】第1章，第10章，第13章

株式会社ダスキン 法務・コンプライアンス部 コンプライアンス室　室長。特定社会保険労務士・公認心理師。個人情報管理のほか，ホットライン業務，コンプライアンス教育を担当。

重冨　賢人（しげとみ　けんと）

【執筆担当】第3章

森・濱田松本法律事務所　弁護士。主に不正・不祥事調査をはじめとする危機管理，争訟・紛争解決の分野を取り扱う。主なセミナーとして「日本社会の変容と不正不祥事を取り巻く環境変化」（於日本大学生産工学部，2021年）。

白根　央（しらね　ひろし）

【執筆担当】第4章

森・濱田松本法律事務所　弁護士。金融規制・コンプライアンス業務と紛争処理業務（訴訟等）が専門。金融庁監督局銀行第一課（2018～2019年）および同証券課（2019～2021年）にて任期付公務員として勤務（任期中，銀行第二課，健全性基準室および法令等遵守調査室等を兼務）。主な著書として『コンプライアンスのための金融取引ルールブック［2022年版］』（銀行研修社，2022年）。『管理者のためのコンプライアンス（改訂第13版）』（全国地方銀行協会，2022年）等。

髙田　和佳（たかだ　かずよし）

【執筆担当】第5章

森・濱田松本法律事務所　弁護士。紛争解決，危機管理，事業再生を中心に幅広い分野を取り扱う。主なセミナーとして「再建型法的整理及び事業再生ADRにおける債権者の対応」（森・濱田松本法律事務所第191回ビジネスロー研究会）。

髙宮　雄介（たかみや　ゆうすけ）

【執筆担当】第11章

森・濱田松本法律事務所　弁護士・米国ニューヨーク州弁護士。Gibson, Dunn & Crutcher（ワシントンDC），米国連邦取引委員会（FTC）での勤務経験を有する。カルテル・談合を中心とした各種違反事件対応，企業結合規制対応や，コンプライアンス態勢の整備などの競争法/独禁法分野を中心に，下請法や，景表法を中心とした各種消費者法分野に関し日常的に数多くの相談を受けている。近時では経済産業省「グリーン社会の実現に向けた競争政策研究会」委員も務める。

瀧脇　將雄（たきわき　まさお）

【執筆担当】第2章，第6章，第7章

黒田マネジメントサービス株式会社　取締役。前TOYO TIRE株式会社　執行役員　コンプライアンス・リーガル本部長。公認不正検査士。

田中　亜樹（たなか　あき）

【執筆担当】第13章

森・濱田松本法律事務所　弁護士・米国ニューヨーク州弁護士。マレーシア・クアラルンプール市のSkrine法律事務所で研修後，森・濱田松本法律事務所シンガポールオフィスで勤務した経験を活かし，東南アジアを中心としたクロスボーダー業務を取り扱う。ビジネスと人権についての経験も豊富。主な著作として「『ビジネスと人権』をめぐる最新動向―日本の国別行動計画や諸外国の立法の動きを中心に―」会計・監査ジャーナルVol.33No.4等。森・濱田松本法律事務所内では，ダイバーシティ＆インクルージョン活動に積極的に従事。

千原　剛（ちはら　ごう）

【執筆担当】第10章

森・濱田松本法律事務所　弁護士。争訟・紛争解決，コーポレート・ガバナンス，危機管理を専門とする。主な著作として『コーポレートガバナンス・コードの実務』（商事法務，2021年），主なセミナーとして「改正公益通報者保護法の最新実務と金融機関における不祥事対応・内部通報制度の実践」（セミナーインフォ社，2021年）等。

塚田　智宏（つかだ　ちひろ）

【執筆担当】第8章

森・濱田松本法律事務所　弁護士・米国ニューヨーク州弁護士・米国公認会計士（WA州登録）。コンプライアンス・危機管理分野を専門とし，中でも会計不正案件について特に多くの経験を有する。業務の傍ら，児童養護施設・高校・大学での法教育・講演など，プロボノ活動に積極的に取り組んでいる。2022年4月より，経済産業省大臣官房ビジネス・人権政策調整室に赴任中。

蔦　大輔（つた　だいすけ）

【執筆担当】第1章

森・濱田松本法律事務所　弁護士。元内閣官房・内閣サイバーセキュリティセンター（NISC）上席サイバーセキュリティ分析官。総務省・経済産業省・警察庁・NISC・JPCERT/CCが共同で開催する「サイバー攻撃被害に係る情報の共有・公表ガイダンス検

討会」委員。サイバーセキュリティ，プライバシー，IT・ICTを専門とし，データ漏えい等対応について豊富な経験を有する。近時の著書として，『情報刑法Ⅰ サイバーセキュリティ関連犯罪』（弘文堂，2022年），『60分でわかる！改正個人情報保護法超入門』（技術評論社，2022年）その他関連著作・セミナー多数。

永井　潤（ながい　じゅん）

【執筆担当】第5章，第8章

東洋紡株式会社　法務・コンプライアンス部長。電機メーカー（2社）の法務部門での勤務を経て，2019年より現職。

西本　良輔（にしもと　りょうすけ）

【執筆担当】第7章

森・濱田松本法律事務所　弁護士。大阪オフィスに勤務。元公正取引委員会事務総局審査局審査専門官で，住友ゴム工業株式会社（主力はDUNLOP製品等）法務部での勤務経験も有する。労働法，競争法，紛争処理とともに，不正・不祥事案を取り扱い，経営法曹会議会員や大阪弁護士会独禁法実務研究会会員を務める。ビジネス・ブレークスルー大学大学院経営学研究科経営管理専攻修了（MBA）。

増成　美佳（ますなり　みか）

【執筆担当】第4章，第9章，第12章

参天製薬株式会社　執行役員　ジェネラル・カウンセル兼チーフ・コンプライアンス・オフィサー。同社にて法務・コンプライアンス業務をグローバルに統括。米国ニューヨーク州弁護士。

宮田　俊（みやた　すぐる）

【執筆担当】第9章

森・濱田松本法律事務所　弁護士・米国ニューヨーク州弁護士，証券アナリスト検定協会員，公認不正検査士。証券取引等監視委員会（SESC）（2017～2018年）及び英国ロンドン市のAshurst法律事務所（2014～2015年）へ出向。キャピタルマーケッツ，金融規制とともに，会計不正やインサイダー取引等資本市場に関連する不正・不祥事案を数多く取り扱い関連する著作・セミナー多数。ニューヨーク大学スターン・ビジネススクール（Advanced Professional Certificate in Law and Business）修了。

御代田　有恒（みよだ　ありつね）

【執筆担当】 第12章

森・濱田松本法律事務所　弁護士・米国ニューヨーク州弁護士。米国（ワシントンDC）のCovington & Burling，インド（ムンバイ及びデリー）のKhaitan & Co., Shardul Amarchand Mangaldas & COでの勤務経験を有する。主な取扱分野は，国際的なコンプライアンス・危機管理（企業不祥事対応，不正調査，海外贈収賄等），クロスボーダーM&A，及び「ビジネスと人権」。世界最大の国際法曹団体であるInternational Bar Associationの国際商取引委員会「複雑買収分科委員会」役員，日本弁護士連合会の国際活動・国際戦略に関する協議会幹事，一橋大学大学院法学研究科非常勤講師を務める。

山内　裕雅（やまうち　ひろまさ）

【執筆担当】 第6章

森・濱田松本法律事務所　弁護士。危機管理，一般企業法務を中心に幅広い分野を取り扱う。プロボノ活動として，SNS等にまつわる身近なトラブルを分かりやすく紹介した高校生向けの冊子の作成（発行：NPO法人キッズドア，協賛：J.P.モルガン）等の法教育活動や，森・濱田松本法律事務所内のダイバーシティ＆インクルージョン活動に携わる。主な著作として「＜コロナ禍を契機に見直したい　海外子会社への"新"法務対応＞海外コンプライアンス違反への初動対応」ビジネス法務2021年11月号等。

類型別 不正・不祥事への初動対応

2023年1月25日　第1版第1刷発行
2023年3月25日　第1版第3刷発行

編著者　山　内　洋　嗣
　　　　山　田　　　徹
発行者　山　本　　　継
発行所　㈱中 央 経 済 社
発売元　㈱中央経済グループ
　　　　パ ブ リ ッ シ ン グ

〒101-0051　東京都千代田区神田神保町1-31-2
電話　03 (3293) 3371(編集代表)
　　　03 (3293) 3381(営業代表)
https://www.chuokeizai.co.jp
印刷／㈱堀 内 印 刷 所
製本／㈲井 上 製 本 所

© 2023
Printed in Japan

＊頁の「欠落」や「順序違い」などがありましたらお取り替えいた
しますので発売元までご送付ください。(送料小社負担)
ISBN978-4-502-44161-5　C3032

JCOPY〈出版者著作権管理機構委託出版物〉本書を無断で複写複製（コピー）することは，
著作権法上の例外を除き，禁じられています。本書をコピーされる場合は事前に出版者
著作権管理機構（JCOPY）の許諾を受けてください。
　JCOPY〈https://www.jcopy.or.jp　eメール：info@jcopy.or.jp〉

好評発売中！

すぐに使える！
企業の危機管理書式集

藤津康彦・梅津英明・山内洋嗣・新井朗司 [著者代表]

A5判／304頁

　不祥事が起きた際の証拠保全, 第三者委員会設置, 調査, 報告（プレスリリースや記者会見）ほか, 各種文書モデルと対応マニュアル。

　過去の不祥事案件一覧等の資料も充実。

【本書の構成】

第1章　証拠保全
第2章　初動対応
第3章　調査の実施
第4章　調査報告書
第5章　調査結果等の公表
第6章　関係者への対応
第7章　平時における危機管理
資　料　上場会社における不祥事対応の
　　　　プリンシプル
　　　　上場会社における不祥事予防の
　　　　プリンシプル
　　　　企業等不祥事における第三者委
　　　　員会ガイドライン
　　　　調査委員会報告書事例集

中央経済社